ビヨンド・フィンテック時代

立教大学大学院 人工知能科学研究科　客員教授
公認会計士・税理士

前田 順一郎
Maeda Junichiro

［編著］

一般社団法人 **金融財政事情研究会**

はじめに

　いまから2年前の2020年、立教大学に社会人も受け入れる新しい大学院として人工知能科学研究科が設立されました。昨今、人工知能の活用が実務でも具体化してきているなかで、産官学の連携を重視しているのが同研究科の大きな特徴であり、民間企業からも意欲にあふれるたくさんの受講生の方々に集まっていただいております。

　実は当初、同研究科にフィンテックに関する講義を開設することは予定されていなかったのですが、同研究科の1期生から、フィンテックに関することもぜひ学びたい、という声が自発的に出てきました。そこで同研究科の設立に若干関与させていただいたご縁で、同研究科委員長の内山泰伸教授からフィンテックをテーマにした講義を担当できないか、という提案をいただいたのが端緒となりました。

　私自身はフィンテックの専門家などと申し上げるのはおこがましく、アカデミズムで経験を積んできた人間でもなければ、フィンテックという分野においてめぼしい実績があるわけでもありません。

　ただ、20年近くの間、公認会計士として大手金融機関の会計監査に携わった経験から一通りの金融実務に関する最低限の知識があり、その後も中央官庁やその他さまざまな仕事にかかわってきましたので、フィンテックと呼ばれる分野で活躍されている方々と直接、間接にご縁がありました。また、わが国の経済の発展のために、金融の世界に最先端のテクノロジーを導入することがきわめて重要であるという強い思いはありました。そこで、毎回ゲスト講師をお招きして講義をアレンジすることはできるだろうと考え、喜んでお引き受けした次第です。

　無事、昨年春学期に「フィンテック特論」の講義が開設され、各方面で活躍されている著名な方々にゲスト講師として集まっていただきました。また研究科の1期生を中心とした受講者の皆さんは意欲的に講義に参加され、とても活発な議論を繰り広げていました。私自身も、ゲスト講師からはもちろ

んのこと、多様なバックグラウンドをもつ受講生の皆さんの発言からも多く
を学ぶことができました。

　そんな折、ゲスト講師の一人であった尾藤剛さんから、せっかくこれだけ
著名な方々が講師として集結したのだから、この講義を書籍にしたらどうだ
ろうか、という提案をいただきました。尾藤さんが金融財政事情研究会の担
当者をご存知とのことで、ご紹介をいただき、それが書籍化のきっかけにな
りました。

　本講義の開講の話が最初に出てから3年近くの月日が流れています。3年
前はフィンテックという言葉が流行語となっていましたが、現在は金融に最
新のITの技術を用いることは当然のこととされており、フィンテックとい
う言葉をあえて意識する機会も減ってきているように感じます。いま、まさ
にフィンテックが新しい局面を迎えているといえるのかもしれません。

　金融業界が直面しようとしているそんな新しい時代のことを、私は「ビヨ
ンド・フィンテック時代」と呼ぶことにしました。これは現在一般に用いら
れている言葉ではなく、あくまで私が名づけたものです。おそらく次の時代
は、単なるフィンテック後（Post Fintech）の時代ではなく、フィンテック
をふまえたうえで、それを乗り越えていく（Beyond Fintech）時代になって
いくであろうし、また、そうならなければならないという思いも込めまし
た。

　本書の目的は「ビヨンド・フィンテック時代」について考察することで
す。とはいえ、金融の未来を予言するものではありません。

　実は、立教大学における講義の目的も「現在フィンテックによって金融が
どう変わろうとしているか（Now）を学ぶことを通じて、将来の金融システ
ムがどのように変わっていくのか（Future）を受講者が自分の頭で考えられ
るようになること」というものでした。

　本書の目的も同じです。私も執筆者たちも予言者ではありません。未来の
金融の姿を予言することはできません。でも「将来」何が起こるかを予測す
るために必要な「いま」の情報を語ることはできます。

　ぜひ、読者の皆さんには、現在のフィンテックの状況を学ぶことによっ

て、「ビヨンド・フィンテック時代」の金融について考えるきっかけにしていただければと願っています。

　講義のきっかけをつくってくださった立教大学大学院人工知能科学研究科の内山泰伸教授、講義および本書執筆に多大なるご協力をいただいた講師、執筆者の方々、そして何よりも積極的に講義に参加し、いつもさまざまな闊達な議論をしていただいた受講者の皆さんに心より感謝を申し上げます。

　2022年6月

前田　順一郎

【編者略歴】

前田　順一郎（まえだ　じゅんいちろう）

立教大学大学院人工知能科学研究科　客員教授　公認会計士・税理士
東京大学経済学部卒。マンチェスター大学経営学修士（MBA）。都市銀行勤務を
経てあずさ監査法人に入所。大手金融機関の財務諸表監査やM&A、海外業務を
担当。KPMGロサンゼルス事務所勤務を経験。国土交通省航空局にて空港経営改
革に取り組む。現在は会計・税務の実務経験を活かし、金融や官民連携の研究も
行う。著書に『会計が驚くほどわかる魔法の10フレーズ』（講談社）がある。

【著者略歴】（50音順・執筆当時）

有友　圭一（ありとも　けいいち）

一般社団法人　東京国際金融機構　専務理事および共同設立者
名古屋工業大学博士前期課程修了（工学修士、都市交通工学専攻）。Warwick
（ウォーリック）大学経営学修士（MBA）、米国公認会計士。東京国際金融機構
（通称FinCity.Tokyo）の専務理事。また、国際資産運用センター推進機構
（JIAM）の共同設立者・理事。Jazz EMP@Tokyo Financial Street発起人兼実行
委員会会長。前職は、マッキンゼー、Deloitte、PwCで金融とテクノロジー担当
のパートナーを歴任し、日本、北米、ヨーロッパ、東南アジアで多様な金融機関
に関与した。金融機関向けAIソリューションに特化したKensho Technologies
（S&Pの子会社）のアジア代表も務めた。

飯田　泰之（いいだ　やすゆき）

明治大学政治経済学部　教授
公益社団法人ソーシャル・サイエンス・ラボ理事
東京大学経済学部卒。同大学院経済学研究科博士課程単位取得退学。駒澤大学経
済学部等を経て現職。内閣府規制改革推進会議委員、総務省自治体戦略2040構想
研究会委員などを歴任。主な著書に『昭和恐慌の研究』（共著、東洋経済新報
社）、『デフレと戦う──金融政策の有効性・レジーム転換の実証分析』（共編
著、日本経済新聞社）、『日本史に学ぶマネーの論理』（PHP）など。

稲葉　大明（いなば　だいめい）

G.U.テクノロジーズ株式会社　代表取締役CEO
早稲田大学理工学部数学科卒。一橋大学大学院国際企業戦略研究科金融戦略コー

4

ス修了（MBA）。都市銀行にて法人担当経験後、日本リスク・データ・バンク株式会社にて、信用リスクモデル・AIの開発、銀行向けソリューション企画開発を担当。近年では口座情報の動態分析ソリューション開発提供業務に従事。2020年G.U.Labsに参加。主な著書に『【実践】オペレーショナル・リスク管理』（共著、金融財政事情研究会）、『人工知能と銀行経営』（共著、金融財政事情研究会）などがある。

井上　智洋（いのうえ　ともひろ）

駒澤大学経済学部　准教授

慶應義塾大学環境情報学部卒。早稲田大学大学院経済学研究科で博士号を取得。早稲田大学政治経済学部助教、駒澤大学経済学部講師を経て、2017年より現職。日経ビジネス「次代を創る100人　2017」に選ばれる。『ヘリコプターマネー』（日本経済新聞出版社）、『AI時代の新・ベーシックインカム論』（光文社）など著書多数。NHK「日曜討論」をはじめテレビ出演も行う。

岩瀬　大輔（いわせ　だいすけ）

Spiral Capital　Managing Partner

東京大学法学部卒（司法試験合格）。ハーバード経営大学院卒（MBA with High Distinction）。ライフネット生命保険株式会社を創業し、代表取締役社長、取締役会長を経て退任。2018年、アジア最大の生命保険であるAIA Groupの本社経営会議メンバー兼Group Chief Digital Officer（最高デジタル責任者）として招聘される。同社退任後、香港を拠点にフィンテック・ヘルステック企業の成長支援を行うアドバイザリーファームTiger Gate Capitalを設立、Managing Partnerに就任。メドレー、YCP Holdings社外取締役等も務める。

大原　啓一（おおはら　けいいち）

株式会社日本資産運用基盤グループ　代表取締役社長

東京大学法学部卒。2010年ロンドンビジネススクール金融学修士課程修了。野村資本市場研究所を経て、2004年に興銀第一ライフ・アセットマネジメント（現アセットマネジメントOne）に入社。日本・英国で主に事業・商品開発業務に従事。同社退職後、マネックスグループ等から出資を受け、2015年8月にマネックス・セゾン・バンガード投資顧問を創業。2016年1月から2017年9月まで同社代表取締役社長。2018年5月に日本資産運用基盤株式会社を創業し、代表取締役社長に就任、現在に至る。主な著書に『IFAとは何者か──アドバイザーとプラットフォーマーのすべて』（共著、金融財政事情研究会）がある。

小早川　周司（こばやかわ　しゅうじ）

明治大学政治経済学部　教授

一橋大学経済学部卒。オックスフォード大学経済学博士課程修了（D. Phil.）。日本銀行企画局参事役、決済機構局参事役等を経て、2019年から現職。主な著書・論文に「わが国における為替手数料見直しの方向性」（週刊金融財政事情3354号、2020年）、「決済サービスを支える金融インフラの高度化──コスト削減から付加価値の創造へ」（経済セミナー710号、2019年）、『Central bank digital currencies』（共著、Bank for International Settlements）などがある。

柴田　誠（しばた　まこと）

株式会社FINOLAB　Head of FINOLAB、Chief Community Officer
株式会社UI銀行　社外監査役

東京大学経済学部卒。東京銀行入行、池袋支店、オックスフォード大学留学（開発経済学修士取得）、経理部、名古屋支店、企画部を経て、1998年より一貫して金融IT関連調査に従事。2018年、三菱UFJ銀行から三菱UFJフィナンシャル・グループのイノベーション推進を担うJapan Digital Design株式会社に移り、オックスフォード大学の客員研究員として渡英。日本のフィンテックコミュニティ育成に黎明期より関与、FINOVATORS創設にも参加。2019年株式会社FINOLAB設立とともに現職。

東海林　正賢（しょうじ　まさより）

KPMGジャパン　フィンテックイノベーション部長
KPMGコンサルティング株式会社　フィンテックイノベーション統括パートナー

2015年KPMGコンサルティングに入社。2016年フィンテック推進支援室の立ち上げ時より現職。大手金融機関API戦略策定支援、フィンテック・スタートアップ向け事業戦略策定支援、ICOトークン機能構想支援、ブロックチェーンを利用した新規事業構想などに従事。FIN/SUM 2018など多数外部講演実績あり。主な著書に『FinTech・仮想通貨・AIで金融機関はどう変わる!?』（共著、KPMG-Japan）、『KINZAIバリュー叢書　BtoB決済デジタライゼーション──XML電文で実現する金融EDIと手形・小切手の電子化』（共著、金融財政事情研究会）などがある。

瀧　俊雄（たき　としお）

株式会社マネーフォワード　執行役員CoPA（Chief of Public Affairs）兼Fintech研究所長

慶應義塾大学経済学部卒。野村證券に入社し、その後、野村資本市場研究所にて、家計行動、年金制度、金融機関ビジネスモデル等の研究業務に従事。スタンフォード大学経営大学院、野村ホールディングスの企画部門を経て、2012年よりマネーフォワードの設立に参画。経済産業省「産業・金融・IT融合に関する研究会」に参加。金融庁「フィンテック・ベンチャーに関する有識者会議」メンバー。内閣府規制改革推進会議専門委員（デジタルワーキング・グループ）。一般社団法人電子決済等代行事業者協会代表理事。

尾藤　剛（びとう　ごう）

リボーン合同会社　代表

東京大学法学部卒。あさひ銀行（現りそな銀行）入行。2003年から日本リスク・データ・バンク株式会社にて、貸出審査・リスク管理業務のアドバイザリー、各種データ分析に従事。同社専務取締役を経て2021年に独立。主な著書に『ゼロからはじめる信用リスク管理――銀行融資のリスク評価と内部格付制度の基礎知識』、『【究解】信用リスク管理』（いずれも共著、金融財政事情研究会）、『ゼロからわかる！　金融機関職員のためのAI・データサイエンス入門講座』、『金融DX（デジタルトランスフォーメーション）がよくわかる講座』（いずれも共著、株式会社きんざい）などがある。公益社団法人日本証券アナリスト協会検定会員。

保木　健次（ほき　けんじ）

あずさ監査法人　フィンテック・イノベーション部副部長、金融統轄事業部ディレクター

国内外の金融機関にてファンドマネジメント業務等を経験後、2003年に金融庁に入庁。証券取引等監視委員会特別調査課、米国商品先物取引委員会（CFTC）、経済協力開発機構（OECD）、金融庁総務企画局総務課国際室などにて勤務。2014年にあずさ監査法人入所。Fintech関連アドバイザリーの責任者として、暗号資産交換業および電子決済等代行業を含むFinTech関連規制対応や金融機関向けデータ利活用を含むDX推進支援等のアドバイザリー業務に従事。日本銀行決済システムフォーラムなどFintech関連外部講演多数。主な著書に『FinTech・仮想通貨・AIで金融機関はどう変わる!?』（共著、KPMG-Japan）、『KINZAIバリュー叢書　BtoB決済デジタライゼーション――XML電文で実現する金融EDIと手形・小切手の電子化』（共著、金融財政事情研究会）などがある。

目　次

第2章

ビヨンド・フィンテック時代の貨幣と決済

第 1 章

フィンテックとは何か

フィンテックとは何かを考える前に

立教大学／公認会計士・税理士　前田順一郎

　本書はフィンテックの未来、すなわち「ビヨンド・フィンテック時代」を考察することが目的ですが、その前にあらためて「フィンテックとは何か」というテーマについて整理しておかなければなりません。

　フィンテックという言葉が流行し始めてから5年程度が経過しました。この数年間、実際に企業や関係者がフィンテックを意識し、フィンテックに関するさまざまな課題に直面し、問題解決に取り組んできました。そのなかで、フィンテックについての関係者の理解もおおむね定まってきているのではないかと思います。

　はじめにマネーフォワードの瀧俊雄さんに「フィンテックとは何か」というテーマで概括的なご説明をいただきます。さらに金融業界において特に重要なプレイヤーである銀行におけるフィンテックの活用の総論的な部分についてFINOLABの柴田誠さんにまとめていただきました。そのうえで、海外におけるフィンテックの状況についてKPMGコンサルティングの東海林正賢さんに解説していただきました。

　瀧俊雄さんは証券会社出身でフィンテックベンチャーの設立にかかわられた経験からフィンテックに関して政府なども含め各方面で貢献されています。柴田誠さんは長年、メガバンクのデジタル分野でご活躍をされた方です。東海林正賢さんは金融機関ではなくシステムがバックグラウンドの方です。

　ライフネット生命保険を起業された岩瀬大輔さん（現在、Spiral Capital Managing Partner）には「フィンテックとアントレプレナーシップ」というテーマで語っていただきました。岩瀬さんには「起業の思い出話を語ってい

ただきたい」というオーダーもさせていただきました。金融の世界で新しいものを創出していくためにはいろんな生々しい障害もあります。おそらく岩瀬さんが起業された頃と金融業を起業する場合の壁は大きく変わらないことでしょう。ぜひ、皆さんの参考にしていただけたらと思います。

　さまざまなバックグラウンドのある方が語っていらっしゃるので、それぞれ視点が若干異なる部分もありますが、基本的な認識は皆さん共通しています。すなわち、金融業が伝統的な金融機関だけのものではなく、非金融の新しいプレイヤーの出現によって、大きく変わろうとしているということです。従来の金融業は、伝統的な金融機関によりほぼ独占されてきました。しかし、いま、フィンテックの時代において、新しいプレイヤーが出現し、徹底した利用者目線から金融サービスをとらえ直すことにより、利用者の利便性が大きく向上しています。

　さらに、非金融の新しいプレイヤーは従来とは異なる目線でビジネスをとらえます。伝統的な金融業においては、コストに見合った手数料を顧客に求めるのが当たり前でしたが、新しいプレイヤーは違います。金融サービスを提供することで、ビッグデータを集め、そのビッグデータを別のビジネスでマネタイズしていきます。

　そういったことを頭に置きながら本書を読み進めていただきたいと思います。そして、いま、わが国ないしは世界においてどんなことが起こっているのかについてご理解いただくことで、「ビヨンド・フィンテック」を考察するための土台をしっかりと共有させていただきたいと思います。

フィンテックとは何か

マネーフォワード　瀧　俊雄

　「フィンテックとは何か」というのは壮大なテーマです。全部解説をすると永遠に終わらない可能性もありますが、なるべくわかりやすく、丁寧な解説をしたいと思っています。

　もともと私は経済学者になろうと思っていたのですが、野村證券で研究職につくことになり、その後、MBA留学の際の出会いをきっかけとして家計簿と会計ソフトの会社の起業にかかわることになりました。現在は、研究や政策提言の仕事が増えてきており、新しい金融のかたちに関する研究であったり、政府の会議で金融についてわかりやすく丁寧に説明をしたりといったような仕事をしています。本節では、私のそういった経験をふまえてフィンテックとは何か、という説明をしてまいります。

１．金融とは何か
──フィンテックとは何かについて考える前に

　「フィンテック」という言葉は「ファイナンス」と「テクノロジー」という二つの言葉からできています。つまり、「金融」と「技術」という二つの言葉を組み合わせたものですので、実はフィンテックという言葉自体が何かすごいものであるわけではありません。金融はもとよりテクノロジー産業です。金融業に最新のテクノロジーを活用することは、何も目新しいことではありません。ではなぜ「フィンテック」などという新しい言葉が生まれたのか。

　こういった議論に入る前に、そもそも「金融とは何か」という基本的な問いを考えるところから始めたいと思います。

「金融」という言葉を聞くと、金融に携わっていない方であれば「少しむずかしそう」であるとか「何か資格が必要なのだろうか」「いろんな勉強をしないといけないのかな」「専門性が必要なのかな」といったことを考えるのではないかと思います。金融が人生を不幸にしてしまったり、金融が大不況を巻き起こしてしまったり、何かとても重いことを想像する方もいるかもしれません。

　金融サービスにはさまざまなものがあります。ただ、一言でいうのであれば、金融とは「機能」です。銀行、証券会社、保険会社など金融業には多様な形態があるのですが、金融とは機能であると考えていただければ頭が整理されるのではないかと思います。そして、私はいつも金融には「六つの機能」があると説明しています。

　一つ目の機能は「決済」です。モノを売ってもらった場合に、何も払っていないと、債務がある状況になります。支払をして債務をなくすことを決済といいます。伝統的には銀行振込が典型的な決済ですが、最近ではSuicaとかPayPayといった新しい決済手段も登場しています。決済は金融の大きな機能です。

　二つ目は「プール化と小口化」です。これは銀行を想像するとわかりやすいでしょう。「プール化」とは「お金を集めること」です。たとえば1億円を必要としている工場に対して1億円のお金を貸したいと思っているが、1億円ものお金をもっているわけではないとします。こういった場合に、50万円をもっている人を200人集めてくると1億円になります。これがプール化です。逆に「小口化」とは、会社が発行する株式1億円を50万円ずつ200人に引き受けてもらう、といったようなことです。

　三つ目は、「異時点間、セクター間の移動」です。たとえば定期預金を想像してください。今日1万円預けて数年後に1万円＋利息分を返してくれるのが定期預金です。これは「異時点の移動」という機能を果たしているといえます。また、銀行は、お金が余っている産業や場所から預金を預かり、お金が不足しているところに貸出をするといったことをしますが、これが「セクター間の移動」です。

四つ目は「リスクの配分」です。保険会社が典型例です。私たちは人間です。いつ死んでしまうかわかりません。もし自分が死んでしまったら残される家族がかわいそうじゃないかという話になります。この痛み＝リスクを一人で負うのではなくて、みんなで少しずつ負ったほうがよいのではないか、という発想から生まれたのが保険です。保険は、個々のリスクを仕組みで大きく減らしているわけです。

　五つ目は、「情報の生産」です。銀行がある会社に融資をするときに、その意思決定をするためにはどうしても情報が必要です。その情報をつくる機能が「情報の生産」です。金融機関は情報の生産能力がなければ生きていくことはできません。金融機関にとってきわめて重要な機能です。

　六つ目が「インセンティブの設定」です。たとえば、ある会社の業績が伸びても社長がまったく儲からなければ、社長のやる気はなくなってしまいます。起業する人がまったく出てこなくなってしまうかもしれません。こういった「動機づけ」を設定してあげることは重要な金融の機能です。

　以上が「金融の六つの機能」です。この整理は当然オリジナルではなく、私が所属していた研究所が20年ほど前に翻訳した『金融の本質[1]』という本のエッセンスです。その原著はノーベル経済学賞を受賞したロバート・マートンといった数名の著名な学者が書いたものなのですが、この六つの機能だけ覚えておけばさまざまなところで活用できることから、私は必ずこの六つの機能を考えることにしています。

2．テクノロジー産業の変容
──フィンテックとは何かについて考える前に

　金融はもとよりテクノロジー産業です。情報を丁寧に活用して、それを思ったとおりに動くようにしてあげることは、金融のとても基礎的な仕組みです。特に日本は銀行のATMが動かなくなると大騒ぎする国です。ATMに認証情報を入れてお金を預けているのにお金が出て来なかったら日本の消

1　デュワイト・B．クレインほか著、野村総合研究所訳『金融の本質─21世紀型金融革命の羅針盤』野村総合研究所

費者は怒るわけです。日本は特に、当たり前の金融機能が当たり前のように働くことが、金融においてとても重要だと考えられています。

　たとえば、ATMの機能は何かというと、先の「六つの機能」に当てはめるのであれば、私たちはお金を銀行に「プール化」して預けているわけです。そして、自分は駒沢に住んでいるけれども田町のATMでお金を引き出すとしたら、「セクター間の移動」がなされるわけです。また、ATMで振込みをすれば「決済」機能が果たされていることになります。

　ATMはそういった金融の基本的な機能を提供しているわけですが、ここで申し上げたいのは「そういう機能を提供しているだけで金融業が生き残れる時代はもう終わりに近づいている」ということです。

　たしかに皆さんは安定した金融機能を提供してもらえれば有り難いと思っているはずです。でも、だからといって絶対に安定的に動くATMを運用してくれる銀行なら年間10万円の手数料を払ってもよい、と考えている人はいないでしょう。私たちは金融サービスに対して、無料で使えて当たり前と思っている部分があります。

　私たちは、ある意味では強い消費者になりつつあるのです。「預けたお金がATMから出てくるのは当たり前だろう」「送金に手数料がかかるなど理解できない」と思い始めているのです。こういった発想は以前からないわけではありませんでした。しかし、この10年、15年で社会が大きく変わってしまったことに起因し、そういった当たり前の金融機能の提供は無料であるべきであるといった考え方が常識になりつつあります。

　一方で、私たちは、いま困っていることをすぐに解決してくれる手段があるのであれば、そこはお金を喜んで支払います。金融ではありませんがAmazonというサービスがあります。実は私には2歳の娘がいるのですが、当然相当な量のオムツを消費します。オムツが切れる状態は親にとっては本当におそろしいことです。つい、買うのを忘れてしまって、どうしても明日までに入手しなければならないという場合、喜んで400円でも500円でも上乗せして支払う意思があるわけです。

　GAFA（Google、Amazon、Facebook（当時、現在はMeta）、Apple）やビッ

グテックについてさまざまなことが指摘されますが、とはいえ彼らの付加価値を一言で表せば「いま困っていることを、すぐに解決してくれる」という点がポイントだと思います。

　GAFA以前のテクノロジー産業といえば、たとえばGEやIBMなどでした。たしかにGEやIBMがなくなった場合には、おそらく原発が動かなくなったりATMが動かなくなったりするのでしょうから、私たちはとても困るのだと思います。でも、実は私たちはGEがいつも何をしてくれているのかよく

図表1－1　この20年で起きたこと

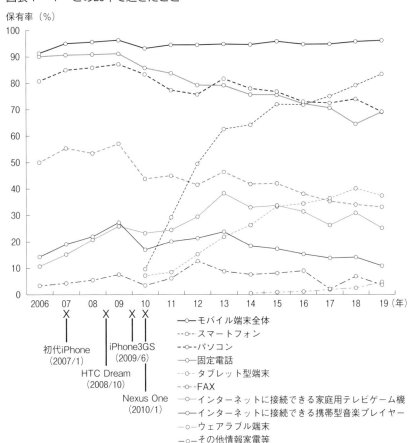

（出所）　令和2年情報通信白書より画像引用、マネーフォワード社編集

知りません。一方で、Googleが私たちに何をしてくれているかは、みんな知っています。たとえば、道に迷ったらGoogleが「いま困っていることを、すぐに解決してくれる」ことを知っているのです。

私たちは「スマホ・ドリブン」で生きています。すでに多くの人はスマートフォンという「人生補助装置」がなければ生きていけない状態にあります。Googleで検索してわかることであれば頭にも記憶しなくなっています。ここまでスマートフォンが拡大したわけですが、実はスマートフォンが拡大し始めたのは2012年ぐらいからです。これはほんの10年ほどの話なのです（**図表1－1**）。

それ以前、私たちは駅で待ち合わせをすることですら、頑張って予定をあわせなくてはなりませんでした。2012年以降、私たちは頑張らなくても生きていけるようになってしまったのです。これがスマートフォンの登場による最大の社会変化です。

そして気がつけば私たちは「いま困っていることを、すぐに解決してくれる」サービスがあることに慣れてしまいました。サービスを提供する会社側もそういった課題解決の部分をITでまかなう分には大きな変動費がかかるわけではありません。Amazonでオムツを買ったといっても、Amazonが自らオムツをつくっているわけではありません。オムツメーカーから買ってきて倉庫に入れておき、それを売っているだけです。倉庫管理、情報管理と輸送管理にはAmazonの付加価値がありますが、そういった比較的コストがかからない部分のみでビジネスが成立するためスケールメリットが大きく、ユーザーを集めれば集めるほど利益が増えていきます。

こういった生活のインフラやプラットフォームになっている会社は株式市場でも高い評価を集めます。たとえば、世界の時価総額ランキングをみてみましょう（**図表1－2**）。

20年ほど前、この表では金融業や製造業、石油などが上位にランクインしていました。いまはITやプラットフォームを提供するテクノロジー産業によりほぼ独占されています。こういった企業が提供する便利なサービスに価値が見出されているのが現在の株式市場です。便利なサービスを提供してく

図表1－2　時価総額ランキング

順位	会社名	時価総額（10億ドル）	本社所在国
1	アップル	2,039	アメリカ
2	サウジアラムコ	1,855	サウジアラビア
3	マイクロソフト	1,784	アメリカ
4	アマゾン・ドット・コム	1,556	アメリカ
5	アルファベット	1,367	アメリカ
6	フェイスブック	806	アメリカ
7	テンセント	766	中国
8	バークシャー・ハサウェイ	599	アメリカ
9	アリババ	596	中国
10	テスラ	594	アメリカ
11	台湾セミコンダクター・マニュファクチャリング	534	台湾
12	サムスン電子	489	韓国
13	JPモルガン・チェース	473	アメリカ
14	ジョンソン＆ジョンソン	434	スイス
15	ビザ	424	アメリカ
16	貴州茅台酒	385	中国
17	ウォルマート	381	アメリカ
18	ユナイテッド・ヘルス	356	アメリカ
19	マスターカード	354	アメリカ
20	バンク・オブ・アメリカ	335	アメリカ

（注）　ADRを含む。2021年3月末時点の価格に基づく。
（出所）　Google Finance等よりマネーフォワード社作成

れて、新しいサービスができれば、自ら参入するか、ないしはなんらかの方法で即座にプラットフォームに取り込んでくれることに価値が見出されているといえます。

3．フィンテックという言葉が話題となった背景

　ここまで「金融とは何か」について考えたうえで、テクノロジー産業の現状と私たちの暮らしの関係に関する話を説明してきました。多くの産業でGAFAやビッグテックといわれるようなテクノロジー産業が、私たちの人生を大きく左右するような社会的変化を促してきました。

　とはいえ、金融業は「いわれたことをしっかりやってくれればよい」という側面が強い産業です。むしろ私たちは、金融業に「余計なことをしてくれるな」とも思っているのです。私たちは多機能な銀行口座ではなく、システム障害を起こさないことに集中してほしいと思うのではないでしょうか。

　仮に銀行が新しいサービスを開発したとしましょう。残念ながらその新事業がうまくいかず、銀行の経営危機ということになったらおそらく税金が投入されるわけです。新事業というのはIT企業であってもそうはうまくいくものではありませんので、多くの人が、あまり金融機関にリスクをとってほしいとは考えないのです。

　そういった理由から「金融サービスは別に便利でなくてもよい」という期待が生まれます。これは日本特有の話ではなく、たとえば世界中の金融機関のアプリはお世辞にも便利とはいえず、アプリストアにおける評価スコアもきわめて低いことが3、4年前は世界的な常識でした。実際にアプリストアの星の数をみても惨憺たるものだったのです。

　でも私たちは「スマホ・ドリブン」の世界に移行してきてしまいました。AmazonやGoogleなどで日常的にさまざまな願いがその場でかなうユーザー体験を重ねてきた消費者は、なぜ自分のメインバンクは時代の流れについてきていないのだろうか、と考えるようになります。だんだん消費者のフラストレーションが溜まってきたのです。

　そんなときに、銀行以外の会社が○○ペイといったサービスを始めると、簡単に決済ができたり、お金を送金できたりするわけです。どちらにせよ銀行は大した金利をくれないし、これで十分なのではないか、むしろこっちのほうがいいじゃないかといった話になったわけです。

　この話はまさに6年前に米国で問題提起がなされた事態そのものです。問

図表1－3　フィンテックの世界的な検索数（Google Trendsより）

（出所）　Google Trendsより筆者作成

題提起をした人はJPモルガン・チェースのCEOのJamie Dimonです。彼がアニュアルレポートのなかで述べた"Silicon Valley is coming"という言葉が大きな話題となりました。

　JPモルガン・チェースは米国最大の銀行の一つです。大銀行のCEOが「シリコンバレーがウォール街にやってきて自分たちを駆逐するのではないか」という懸念を表明したのです。このことが火付け役になり、ちょうど2015年初めぐらいから世界的に「フィンテック」という言葉がさまざまなところで話題にのぼるようになりました（**図表1－3**）。

4．フィンテックで銀行がいらなくなる？

　従来は「金融業は便利でなくてもよい」と思っていたはずなのに、テクノロジー産業が発展してくると、世の中の消費者はもはや金融を特別な産業だとみなさなくなります。むしろ銀行ではない新しいプレイヤーが提供してくれるサービスのほうがよほど便利かもしれない、と気づき始めています。

　米国ではすでに「お金を借りる」という銀行が提供してきた伝統的なサービスについてまで、銀行以外の新しいプレイヤーのほうが便利で金利も安

かったりする時代が到来しています。さまざまなプレイヤーが、完全な銀行業ではないけれども銀行業に近いサービスを営み始めています。英国でもすでに10以上のベンチャー企業が銀行業の免許を取って融資業務を行っている状況があります。そうしたプレイヤーが大きくなってくれば、既存の秩序や既存のビジネスを守りたい人たちからすれば脅威となります。

　すると、銀行がひょっとすると不要になるかもしれないという話にもなるわけです。これは一大事です。日本に限らず世界のさまざまな金融機能を提供してきたのは原則的に銀行業です。銀行業のなかで偉くなった人と政府の関係者が一定の信頼関係を保つことで金融システムの安定が図られてきたという側面も否定できません。

　未知の領域にリスクが生じてしまうと社会全体として金融システムが制御できなくなってしまうのではないか。わが国でも金融庁や日本銀行がこういった懸念を示していますが、これは日本だけではなく世界の当局がおそれていることです。

　極端なことをいえば不要になるのは銀行だけではないかもしれません。たとえばビットコインなどの暗号資産（仮想通貨）が信頼を得てしまったら、いままで通貨を独占的に発行してきた政府は実は不要だったのではないか、という話になりかねません。そういった場合に起きるかもしれない「一種の無政府状態」を考えたときに、いまから対処方法についてもしっかりと議論しておかなければならないでしょう。そんな背景もあり、6年前ぐらいから政策的にもフィンテックについてさまざまなテーマが議論されるようになりました。

　一方で、先にも述べたとおり金融業は「いわれたことをしっかりやってくれればよい」という側面が強い産業でもあります。金融業にトラブルが頻繁に起こると国民が安心して暮らせなくなるわけです。金融のベーシックなサービスが安定供給されているということは、国民にとっては重要な価値になります。そういった安定性を確保するためには、さまざまな法令を遵守してもらうこと、つまりコンプライアンスがきわめて重要です。金融の世界はルールが非常に多いといわれます。それを一つひとつ厳格に守ろうとするか

ら、評価の低いアプリになってしまうといった側面もあります。

　政策的にはコンプライアンスが厳格に要求され、コンプライアンスにコストがかかる以上は、ある程度そこに参入できる人を少なめにしておかないといけません。儲けがある程度確保されないとコンプライアンス対応にコストを回せないのです。そういう意味では「許認可の壁」がそもそも存在する産業でもあります。だからこそ、すごくイノベーティブな金融サービスというものは不要なのではないか、と考えられてきたのも事実だと思います。

　けれども私の理解では、こういった既得権益は、少なくとも日本ではなくなりつつあります。国内における銀行業務はずっとこの20年間金利が低いことで収益のベースが5分の1くらいに落ちています。それにもかかわらず既得権益と呼んで、みんなで「銀行はけしからん」といって批判すべきかというとまったくそうではなく、むしろ銀行をいかに存続させて国民のために丁寧な金融機能を担っていただくかということを考えなければならない時代になってきているのではないかと思います。

　証券業も同様です。証券の世界も年々厳しくなってきており取引手数料が無料化に近づきつつあります。以前は取引する際に手数料を0.6％程度取っていましたが、いまは0.1％を切っています。仕方がなく、手数料が発生する金融商品をつくり、それを売ることで利益を確保しようとするわけですが、それにも限界があります。銀行業と証券業に関してはおおもとの部分での利益がかなり消滅しつつある状況です。

　現代は「銀行や証券といった金融機関はたくさん儲けてけしからん」と短絡的に批判されるべき時代ではないといえるでしょう。海外ではまだ銀行や証券が儲かる産業であるかもしれませんが、日本は高齢化も進展しており、もともとあった金融セクターの収益性が大きく発揮されていないような状況です。わが国の場合にはそういった厳しい状況のなかで、利便性を追求するための競争が必要とされている、という点については十分に留意しておくべきでしょう。

　このような低収益性の時代には、支店網や営業担当者といった固定コストのかかるサービス提供チャネルを維持することもまた厳しくなります。海外

では収益性追求の観点でより早く進展してきたことですが、日本においてもデジタルチャネルを充実させ、今後のサービスを維持可能としていくこともまた求められているのです。

5．アンバンクト問題とアンダーバンクト問題

　海外のフィンテック事情を考えるときには、原則として二つのキーワードを念頭に置くべきでしょう。それはアンバンクト問題（unbanked）とアンダーバンクト問題（underbanked）の二つです。

　一つ目のアンバンクト問題とは、多くの人が銀行口座をもてない問題のことです。たとえば４年ぐらい前までインドネシアの人の半分しか銀行口座を保有していませんでした。せっかく稼ぎを得ても、そのまま現金などで保有せざるをえないわけです。現金のまま保有していれば、盗難のリスクも高まります。手元に現金があればつい使ってしまうということもあるでしょう。銀行口座がないと、貯蓄形成ができないという問題が生じるのです。

　これは国家的にもきわめて深刻な問題です。逆にいえば、このアンバンクト問題が解かれたときには大きな果実が生まれます。世界的にこの問題を大きく改善するのに貢献した一例はアリペイだと思います。かなりの割合の中国人が銀行口座をもっていませんでした。そういった人たちに対して送金やお金を借りる手段を与えたということは、社会的にもきわめて大きなことだったといえるでしょう。

　もう一つのアンダーバンクト問題とは「コストなどを理由にして本来受けられるべき銀行サービスを受けられない」という問題のことです。たとえば、仮に銀行のほとんどが「住宅ローンは審査のコストがかかることから１億円以上の案件しか対応しない」いった方針だとすると、ほとんどの人が家に住めなくなってしまう、という事態になりかねません。そういった状況下で、住宅ローンの審査の９割を自動化するといったベンチャー企業が出てくると、多くの人が住宅ローンを借りられるという話に変わります。

　人手をかければ必ず情報を生産できるようなサービスにおいて、AIを活用したり自動化したアルゴリズムに委ねたりすることで、情報生産のコスト

を下げることができると、アンダーバンクト問題を解決できることがあります。これについてもアリペイが代表格ですが、多くの途上国や米国などでも、フィンテックの多くの会社がアンダーバンクト問題の解消に貢献したといわれています。

わが国は世界とは少し状況が異なります。もともと日本の場合は口座保有率がきわめて高く、アンバンクト問題がほぼ存在しません。中国などの途上国では、口座保有率が低いところから始まったので、リープフロッグといってまさにカエル飛びのように一気に便利になり、キャッシュレス決済の普及までに至ってしまいました。

アンダーバンクト問題に関しても、わが国は大胆な金融緩和とオーバーバンキングによる信用コストの低下している状況があるなかで、さらに信用保証協会等の手厚い体制もあります。こういった政策的な背景もあり、実際にはわが国にアンダーバンクト問題は相対的に少ないと考えられます。日本の場合には、そもそも金融業がある程度の水準で国民のニーズに応えられていたことが、結果としてフィンテックという分野で部分的に他国に後れをとってしまったという状況を生んだのかもしれません。

6．スーパーアプリの可能性

たとえば頭の体操として極端な事例を想定してみましょう。もしGoogle、Apple、Facebook、Amazon、Microsoftが合弁で設立した銀行が登場したらどうでしょうか。おそらく、ものすごく便利な金融サービスを提供してくれるのではないかと期待するのではないかと思います。

その銀行は私たちのすべての情報を把握していて、自分のかわりに意思決定をしてくれるかもしれません。「あなたの子どもは将来この中学校に受験して入るだろうから、あなたのお金を将来は車を買うのに回すのではなく、教育資金を貯めたほうがいい」「あなたは最近ポルシェの宣伝ばかりみているが、その年収では諦めたほうがいい」というようなアドバイスができるかもしれません。Facebookの友達データを活用して「あなたは友達に比べて給料が低いので転職しましょう」といったアドバイスもくれるかもしれませ

ん。そういったアドバイスにすべて従えば、無駄なことをすることなくいまよりもあなたの人生が豊かになる可能性があります。

　ただし、実際にはこういう銀行は生まれていません。ここが金融サービスの興味深いところだと思います。銀行業はどうしても規制でがんじがらめになります。これは、日本でも米国でもどんな社会でも同じことなのです。実際、GoogleやAmazonが銀行業に参入するかもしれないと思われていました。たしかにGoogleはウォレットを、米国だとAmazonがiPhone上のSMSでお金を送金するサービスを提供しています。でも直接銀行業には参入しません。自ら銀行を営むのではなく、他の銀行を活用しているのです。他の小規模な銀行に口座を開いてもらい、その間で送金をするといったことをしています。

　直接自ら銀行を営むという形態ではありませんが、こういった役割分担をすることで実はとても便利なサービスが生まれうる社会に私たちは生きています。GAFAMに代表される先駆的な企業は、直接的な規制を避けるためにうまく役割分担を活用しながら、以前では考えられなかったような金融サービスを次々と提供してくれる時代が到来しつつあることをご理解ください。

　この流れのなかで、一昨年「スーパーアプリ」という言葉がとても流行しました。PayPayがスーパーアプリになるのではないか、といったこともいわれました。

　スーパーアプリとは、「そのアプリがあるだけで人生ほぼすべて助かる」といったものです。Amazonなどは割と近いものだと思います。ほしい商品を発見してから自分の家に届くまですべてをかなえてくれる、いわばドラえもんみたいなアプリです。

　インドネシアにGojekというバイクのシェアリングアプリがあります。Gojeckが提供するGoPayという電子マネー事業がありました。このGoPayは、最近になって閉じてしまいましたがGoLifeというサービスを提供しており、これはまさにドラえもんの4次元ポケットを実現しようとしたものといえます。ジャカルタなどではバイクがたくさん走っていますが、たとえば食事を運んでくれたり、マッサージ師を呼んだりといった比較的単純なサービ

スだけでなく、薬の処方箋をアップロードすると薬局でピックして自分の部屋まで届けてくれるサービスや、トイレが壊れたらトイレの配管工がすぐに来てくれるサービスであったりといったさまざまなサービスを一つのアプリで実現することが可能なのです。

　中国やインドネシアなどですと、こういったスーパーアプリ的なものが出てきています。日本や米国、英国にはまだスーパーアプリといったものは見当たりません。それには、さまざまな理由があると思います。一つの場所にすべての良質な商品が集まることがない、であるとか、バイク社会と異なり配送のタイミングが意外とうまくいかないであるとか、商品が壊れたときの責任問題に対する意識が違うであるとか、さまざまな理由でスーパーアプリが簡単には成立しない可能性もあります。

　ただ私たちが「なんとなくめんどうだな、ここに早く届けてくれたらいいな」といったようなことを丁寧に解決してくれるサービスが出現すれば付加価値が得られるという、大きな話はどの国でも同じことでしょう。

7．Embedded Financeと銀行API
──オープンバンキングの時代の到来

　私自身は政府の会議などにお招きいただく際に「銀行のAPI化」という分野に関する実践的な専門家であるととらえられているようですので、最後に少しこの「銀行API」の論点に触れさせていただきます。

　先ほどスーパーアプリの話をしましたが、どんな商取引にかかわるアプリであれ、そのなかでは必ず「決済」という機能が含まれます。さらに場合によっては、いまお金がなくても後で返せるのであればいったん貸してもかまわない、といったサービスも提供することはできるわけです。こういった多様な金融の機能が、一つのアプリ内にどんどん埋め込まれていくというような世界観が、いま、世界中でどんどん生まれてきています。こういったサービスを英語でEmbedded Finance、日本語では「埋め込み型金融」といいます。

　Amazonで物を買った際に、「支払は銀行のインターネットバンキングを

利用してやってください」といわれたら、Amazonを使いたくなくなると思います。

Amazonであれば事前にクレジットカードを登録しておけば、裏側ですべて処理をしてくれるように、消費者はすぐに支払がすんでしまうレベルの利便性を当たり前に考えています。そういったことができないと通常の経済活動が阻害されるといったほうがいいかもしれません。

この埋め込み型金融の議論をするときに、銀行のAPI化の議論は避けて通れません。銀行のAPI化とは、「銀行以外の他社のアプリなどが銀行の口座情報を活用できるようにするために、銀行側にもコンピュータ用の開発をしてもらうこと」をいいます。「銀行APIは未来のATMである」と理解してください（**図表1−4**）。

すでにみてきたように銀行にはお金を決済したり、お金を集めたりというさまざまな機能があります。こういった機能をATMや店舗で、あらゆるチャネルを通じて提供しているわけです。たとえば、家計簿アプリの会社がユーザーのかわりに家計簿をつくるためには銀行の通帳に記載されている入出金情報をみる必要があります。

家計簿アプリの会社に銀行取引の情報を共有するための最も原始的な方法

図表1−4　金融機関APIの仕組み

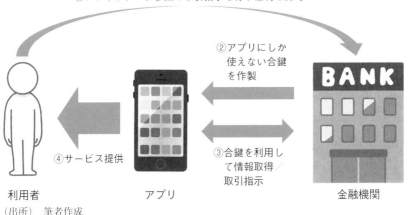

①アプリがデータ参照や取引指示を行う権利を認可

②アプリにしか使えない合鍵を作製

③合鍵を利用して情報取得／取引指示

④サービス提供

利用者　　　　　アプリ　　　　　　　　　　　金融機関

（出所）　筆者作成

としては、通帳に取引を記帳してその取引情報を家計簿アプリに一つひとつ入力していくことが考えられます。でも、それではあまりにも不便ですから、家計簿アプリの会社が直接情報をみてもいいですよ、という機能を付加するために、いわば「合鍵」のようなものをつくってもらい、家計簿アプリの会社のシステムが合鍵を使ってユーザーの口座情報を取得する仕組みができれば、とても便利になります。ユーザーは自ら銀行に行かなくても、アプリに情報を入力しなくても、自動的に家計簿をつくることができます。

　家計簿アプリの会社としても、パスワード情報や個人情報といった秘匿性の高い情報を預からなくても、ユーザーのかわりに家計簿をつくることができます。銀行のほうも、参加者が誰だかわかっている状態ですから安心です。こういった「三方よし」の状況になります。

　銀行がAPIという「合鍵」をつくり、勝手に銀行サービスに付加価値を提供してくれる新しいプレイヤーを増やすことによって、金融サービスがもっと便利になっていくだろうと考えています。

　今後キャッシュレス化により、ATMが不要になってくることが予想されます。日本人のほとんどの人がATMの近さで銀行を選んでいるという統計がありますが、今後の銀行選びは、ATMが便利な場所にあるからではなく、銀行APIを活用した便利なサービスがたくさん存在することを理由になされる時代が来るはずです。銀行業界全体を考えても、そういった便利なサービスを提供する会社を増やしていくことによって銀行がますます発展していくでしょう（**図表1−5**）。

　APIを通じて銀行業務に付加価値を提供してくれる業者を「電子決済等代行業者」といいますが、多数の銀行とAPI接続する事業者は現在わが国にはまだ14社しかありません（2020年9月現在）。

　米国では同様のサービスを提供する会社が数千社といったレベルです。銀行にとっても自社で開発をしなくても、銀行APIを通じて、顧客に付加価値の高いサービスを提供することができ、顧客を増やすことができます。

　こういったオープンな世界観のことを「オープンバンキング」といいます。自分たちですべての機能を提供するのではなくて外部の人たちと共同で

図表1－5　金融機関の選択基準（上位理由）

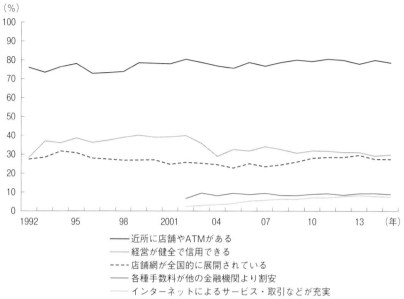

（注）　選択肢変更等、非連続のデータを含む。
（出所）　金融広報中央委員会調査より筆者作成

サービスを提供していく「オープンバンキングの時代」が到来しているといえるでしょう。そして、今後、金融はユーザーにとって以前よりももっと身近になっていくと予想されます。

銀行業とフィンテック

FINOLAB　柴　田　　誠

　本節では国内外における銀行のIT活用の歴史を俯瞰した後、これまで銀行はITを活用してきたにもかかわらず、なぜこの5年ほどの間にあらためてフィンテックが注目されるようになったのか、という点について説明します。そのうえで、現在起こっている銀行におけるデジタル化の具体例としてRPAの活用やAIによる融資審査、ハンコレス化についてみていきます。また、ここ数年で新しい段階に入ったといわれる銀行業における金融DX化の現状についてもみていきます。特にいま、コロナ禍によってDXが加速しており、大きな変化が起こっていますので、そういった観点でも説明していきます。

1．銀行業のIT化の歴史について

　実は銀行業・金融業においては、他産業と比べてもコンピュータがかなり早くから活用されてきたといえるでしょう。1955年に米国でBank of AmericaがERMA（The Electronic Recording Method of Accounting）を導入し、手形小切手処理と会計処理に利用したのが、金融業におけるコンピュータの導入の最初といわれています。日本においても同じ1955年に野村證券が会計処理などの本店業務の機械化をするためにコンピュータを導入されています（図表1－6）。

　その後、銀行の支店と本店（ないしはコンピュータセンター）をつないで業務処理を行ういわゆる「銀行オンラインシステム」が構築されるようになります。1965年5月にわが国において、三井銀行（現三井住友銀行）が始めたのが世界初の銀行オンラインシステムです。これは前年に行われた東京オリ

図表1－6　日本初で野村證券が導入したUNIVAC-120

（出所）　情報処理学会「コンピュータ博物館」
　　　　　http://museum.ipsj.or.jp/heritage/UNIVAC120.html

ンピックにおいて各会場のデータを一括的に把握するために開発されたオン
ライン化技術を転用したものであるといわれています。その後、オンライン
システムはわが国の各銀行に普及し、1973年には銀行間の資金決済を行う
「全銀システム」も稼働し、国内銀行への接続が拡大されていきます。

　「ATM」に関しては、1967年に英国で初めて導入されました（**図表1－
7**）。わが国においてもその2年後の1969年には住友銀行（現三井住友銀行）
に設置されています。1990年代にはわが国の人口当りのATM設置台数は世
界一となりました。さらに、「ホーム・バンキング」「ファーム・バンキン
グ」といったデータを電子的にやりとりする技術に関しては、1981年に
Citibank等が導入したのが最初です。わが国においてもこのサービスは1980
年代に一気に普及します。

　インターネットを活用したいわゆる「インターネットバンキング」に関し
ては、1995年5月にWells Fargoが明細確認機能に活用したのが最初といわ

図表1－7　世界初のATM（英国Barclays Bank、1967年）

（出所）　FINANCIAL TIMESホームページ
　　　　　https://www.ft.com/content/005ad9d0-50f3-11e7-a1f2-db19572361bb

図表1－8　世界初のネット専業銀行SFNB（1995年10月18日稼働開始）

（出所）　Security First Network Bank（開業当時のホームページ画像コピー）

れています。その後、同年10月に世界初のネット専業銀行であるSecurity
First Network Bank（以下「SFNB」という）が初めて取引機能も含めたフル
バンキングサービスをインターネット上で開始し大きな注目を浴びます。イ
ンターネットバンキングは、わが国でも1997年に住友銀行（現三井住友銀行）

が開始し、その後各行も相次いで導入していきます（**図表1−8**）。

　携帯端末を活用した「モバイルバンキング」については当初はSMSを用いた残高確認サービスからスタートしましたが、1999年には欧州でWAPという通信規格による銀行取引が実現しました。わが国では同年、NTTドコモがi-modeのメニューとしてモバイルバンキングが実現しています。NTTドコモとしても、銀行のメニューが入っているとサービスの信用力が高まることから、是が非でもi-modeにモバイルバンキング機能を入れたいと考え、開発を急いだ経緯がありました（**図表1−9**）。

　以上のとおり、銀行業のIT化は他の業界に先駆けて行われてきており、わが国の銀行も決して世界に後れをとっていない状況が続いてきたといえるでしょう。しかし、2010年代に入ると、わが国の銀行業の「ガラパゴス化」といわれる事象が指摘され始めます。

　2010年代以降は、携帯電話がスマートフォンに移行し、世界はスマートフォンアプリの開発の時代になりますが、日本の場合には、携帯電話、いわゆるガラケーのモバイルバンキング機能が充実していたこともあり、わが国では大手銀行のスマートフォンのアプリ開発は世界から大きく後れをとることになります。

　2012年頃から、ようやくわが国でもスマートフォン対応のアプリ開発に着手されるようになりますが、すでに世界的にみれば周回遅れになっている状

図表1−9　サービス開始当初のi-Mode提供メニュー

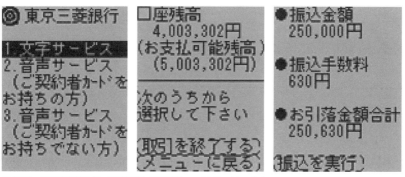

（出所）　東京三菱銀行（現三菱UFJ銀行）の画面コピーより

況でした。そんななかで2010年代後半から世界はフィンテックの時代に突入
します。

2. フィンテック時代到来の背景

　ここでフィンテックという言葉が最近になって強調されるようになった背
景をまとめておきましょう。「情報通信技術の進歩」「顧客行動の変化」「新
規参入の増加」の3点が指摘できます。

　「情報通信技術の進歩」は大きな変化をもたらしました。コンピューティ
ング技術の発展やクラウド技術の普及、そしてスマートフォンの登場によ
り、従来のように大きなデータセンターをつくらなくてもベンチャー企業が
さまざまな銀行サービスを簡単に提供できるようになりました。

　現在、皆さんのスマートフォンの演算能力は、私が銀行に入行した当時の
銀行ホストコンピュータを大きく上回っています。2006年に四つの銀行が合
併していまの三菱UFJ銀行ができましたが、合併前である20年前における四
つの銀行のホストコンピュータの演算能力を合計したよりも、たった1台の
スマートフォンのほうが能力は高いのです。それだけ強力なコンピュータを
各人が保有しているのが現代ということになります。

　さらにこのような情報通信技術の進歩は「顧客行動の変化」も生じさせま
す。インターネットやモバイルを通じた取引は急速に拡大し、同時に情報量
は飛躍的に増大しました。一方でソーシャルメディアが一気に普及しまし
た。以前は銀行の顧客の情報量は限定的であり、ある程度銀行がいっている
ことを信じるしか術がなかったのですが、いまや銀行が何かをいっても、で
は他の銀行はどうなのだろうか、といったことをインターネットで、またそ
の評判はソーシャルメディアを使って瞬時に調べることができるのです。

　最後に「新規参入の増加」ということにも注目しなければなりません。銀
行業において、ベンチャー企業が台頭してきているという大きな動きがあり
ます。また、銀行業に銀行以外の大手企業グループが参入してきているとい
う現象も起こっています。リテール分野でいえばセブン銀行、イオン銀行、
ソニー銀行、楽天銀行といった非金融部門から入ってくる新しいプレイヤー

が増えてきています。

　こういった状況は、さらに銀行業のビジネスモデルの変化も促しています。従来、銀行業に限らず金融業全般において、かかったコスト分を手数料として顧客に転嫁するのが一般的なアプローチでした。でも、新しいプレイヤーはそうではありません。

　たとえば、Googleは広告料で稼げるのであれば、サービスを無料で提供してしまいます。モバイル通信業者であれば通信料がたくさん取れればかかったコストよりも安い価格で金融サービスを提供してもよいだろうと考えます。Eコマースでモノが売れるのであれば金融サービスで収益をあげなくてもよい、といったアプローチをとります。こういった発想は従来の銀行にはまったくなかったものです。

　いずれにせよ、このような「情報通信技術の進歩」「顧客行動の変化」「新規参入の増加」といったような社会の変化に伴って、銀行業にはパワーシフトが起こっています。そして、このパワーシフトにより金融サービスが新しい段階に移行しつつあります。こういった変化を背景として、銀行業でもフィンテックが注目を浴びるようになってきています。

3．銀行業におけるRPAの活用

　銀行業におけるフィンテックの活用の一つとして、まず「RPA」について触れておきます。ここ数年、どのメガバンクも今後は業務の削減を志向していく方針を発表しています。具体的には支店を100店舗以上減らします、コストを1,000億円以上削減します、というようなことを明らかにしています。わが国の銀行の場合には、直接人員削減をすぐにしていくというようなことは企業文化としてもむずかしい部分がありますので、定年を迎えたり退職者がいたりしても人員補充を見送る、といったような方法で、数年にわたって人員を削減し、コストを下げていくというアプローチをとることになります。そして、その際に業務量の削減の具体的根拠として注目を浴びているのがRPAです。

　RPAとはRobotic Process Automationの略です。端的にいえば「あらかじ

め組み込んだプログラムで複数の作業を自動的に連携処理する仕掛け」です。

　イメージとしては、たとえばEXCELのマクロという機能のやや大がかりなものだと思っていただければよいでしょう。ただ、EXCELのマクロと違うのは、RPAは複数のソフトウェアをつないでそこにさまざまな処理のロジックを組み込み、ロボットのように処理を行うことができる点です。

　たとえば、あるシステムに顧客情報データを打ち込んだとします。従来であれば、そのデータを別の管理システムでも活用する際に、いったん情報を画面に表示したりプリントアウトしたりして、さらにまた別のシステムに打ち込むというような作業をすることが当たり前のように行われていました。

　しかし、それをRPAという仕掛けで、あるシステム内のデータを別のシステムに移して自動的に処理をするというようなことが発達してきました。作業が効率化されると同時に入力ミスも減りますので、正確さも向上することになります。

　一方、RPAにはデメリットが指摘されることもあります。RPAの場合にはあらかじめプログラミングしたことしか処理ができないので、人間が介在している場合と比べて、異常なデータがあった場合にその場でチェックするということができません。とはいえ、RPAにはそういったデメリットを上回るメリットがあるといえるでしょう。

　ここからは実際にRPAが銀行業務でどのように使われているかという点について具体的な例で紹介していきます。

　横浜銀行では、住宅ローンの事務処理にRPAが活用されています。住宅ローン契約の際に、従来は住宅ローンシステムや登記情報システム、電子契約システムといった複数のシステムへのデータ入力を手作業で行っていたものを、RPAを使って入力された住宅ローン審査情報や登記情報を契約書自体も含め自動引用することで、1回の入力で同じデータが各システムに自動的に流れていくフローを実現しています。これにより年間3,000時間程度の業務量が削減できるそうです。

　三菱UFJ信託銀行では、顧客からの配送物の問合せに関しRPAを導入し、

業務効率化を実現しています。従来であれば問合せを受けた担当者が、配送物の担当者に情報を伝えていかなければいけなかったところを、RPAを活用し自動化することにより大幅な効率化を図っています。

　三井住友銀行では、幅広くRPAを活用し業務効率化が図られていますが、特徴的なのが、その効率化のノウハウを社外にも提供していこうという発想です。2019年にはSMBCバリュークリエーションという専門の会社を設立し、銀行業務のなかで蓄積したRPAを活用した業務効率化のノウハウそのものを外販していこうという新しい試みが図られています。

　ただし、RPAの導入にあたってはいくつかの課題があります。第一に「人員削減のむずかしさ」です。業務効率化のためにはどうしても人員の再配置を行う必要が生じるのですが、RPAを活用し作業量自体は減らせるとしても、実際には一人の人が一つの作業ばかりを行っているわけではなく、RPAにより一つの作業を効率化したとしても、必ずしも思いどおりに人員削減が進まない、という事態は生じえます。

　第二に「デジタル化は万能ではない」という点も考慮しておかなければなりません。どんな業務もデジタル化できるのかというと必ずしもそうではありません。既存のプロセスのなかで人が判断している要素があるものについて、現在の技術では完全なデジタル化が困難なものも多々あります。

　第三に「従業員の抵抗心理」です。これは実務的にはきわめて重要な課題です。いままで自分の仕事に一生懸命に取り組んできた従業員ほど、RPAを導入し自分の仕事がなくなってほしくない、といった抵抗心理が強くあるでしょう。RPAの導入検討を始める際には、業務内容の調査を実施するわけですが「こういったツールを開発すればあなたの仕事はシステム化できる可能性がありますよ」といわれても、実際に長年その業務に携わってきた従業員からすれば、どうしても「長年の経験と勘で実施しているのでそんな簡単にシステム化できません」といった抵抗をしたくなるという点については十分な留意が必要です。

4．融資審査におけるAIの活用

　銀行業の基幹業務は預金業務と融資業務ですが、融資業務のなかの審査業務にAIを活用するということが昨今、非常に増えています。この論点については第3章第2節で尾藤剛さんが詳しく解説してくださいますが、ここではメガバンクの動きを中心に少しだけこの論点に触れておきます。

　実は2000年代初頭に、システム的に融資業務を効率化していこうという観点からスコアリングモデルを使ったモデル審査というものが盛んに行われたことがあります。各銀行は中小企業との取引をいかに効率的に増強するのかという課題に取り組んでいた時期であり、インターネットやコールセンターを通じて申し込んでもらえれば、システム的な審査を行うことで、非対面で審査の結果を出すことができないか、という発想が原点にありました。

　財務諸表をもとにしたモデル審査により、システマティックに非対面で融資を実行したのです。しかし、結果的には多くの貸倒れが発生してしまい、この取組みは失敗に終わります。理由は簡単です。モデル審査のなかで採用されていたロジックが比較的単純だったために、そのモデル審査をすり抜けるためにどんな数字をそろえればよいのか、どんな書類をそろえればよいのか、ということが容易に推測されてしまったからです。結果として、多くの書類の改ざんが行われ、お金を借りたらそのまま消えてしまうという事案も多数発生しました。

　基本的にモデルは決算データをもとにスコアリングされていたのですが、その決算データも改ざんされました。いわゆる粉飾決算ですが、システマティックに判断が行われていたために粉飾決算を見抜くことはできませんでした。税務署に提出する決算データとは別のデータが提出されるという事態も日常的に発生していました。さらに、そもそものモデル審査自体の問題として、モデル審査の最初にモデルをつくったときに採用していた母集団が実際に貸出をする際の母集団と一致していないようなケースも多かったといえます。

　これに対して、最近注目を浴びている融資判断のIT技術の活用は、そういったものとは少し異なります。AI技術の発達を活用したオンラインレン

ディングが拡大しているのです。AIの技術を使って非常にたくさんのデータを取り込んでそれを分析します。それもいままでのモデル審査であれば人間がそのロジックをつくらなければならなかったものが、機械学習が発達したことで、大量のデータを高度に分析し、さらにAI自体がモデルをつくってくれるということが可能になったのです。

　従来の融資審査においては、財務データの分析が中心でしたが、いまは非財務データも含めて分析することが可能になってきています。また、財務データの分析においても、従来のように決算数値といった静的なデータだけでなく、もっと動的なデータ、たとえば銀行口座の入出金明細全体を分析対象にしていく、といったことも含めAIでより高度な分析ができるようになってきています。

　非財務データに関しても、これまで行われていたような会社の社員数、保有不動産、株主の状況の把握といった項目だけでなく、株主向けの資料や決算書全体に、文章で記述されている情報、たとえば会計処理方法や引当方法の変更、役員構成の変更といったような事象をAIが自動的に解析することも可能となっています。さらに、ニュース記事やSNSへの書き込みについてもAIが分析することによって、融資審査の判断材料とすることもできるようになっています。

　りそな銀行では決算書ではなく預金口座の入出金データなどの決済情報をAIが審査することで、最短3日間で融資できるような「Speed on!」という商品を開発しています。

　みずほ銀行でも同様に決算書不要の事業性評価をすることで中小企業の資金調達環境の改善をねらいとした「みずほスマートビジネスローン」という商品の提供が始まっています（**図表1−10**）。

　三菱UFJ銀行も、決算書のデータではなく、入出金データをもとにAIを活用した与信判断を行う「Biz Lending」という商品を開発しています。この商品はCredit Engineというフィンテックベンチャー企業と連携をしたことで話題になりました。三菱UFJ銀行はフィンテックベンチャーを育成するために「デジタルアクセレレーター」というプログラムを実施しているのです

図表 1 －10　みずほスマートビジネスローン

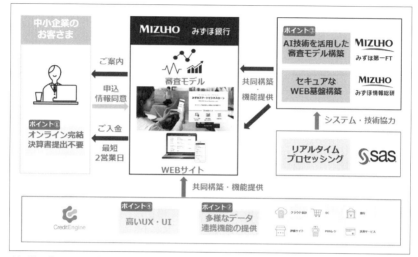

（出所）　「中小企業向けの新しいレンディングビジネスへの取り組みについて～ビッグデータやAI技術等を活用したFinTechレンディング～（2019年 4 月16日）」株式会社みずほ銀行、クレジットエンジン株式会社、みずほ第一フィナンシャルテクノロジー株式会社
　　　　https://www.mizuhobank.co.jp/release/pdf/20190416release_jp.pdf

が、同社はそのプログラムでグランプリを取った企業でした。このように優れた技術を有するベンチャー企業を自ら発掘し、そういった企業と連携して新しいモデルを構築するという、従来ではみられなかったような動きも出てきています。

5．銀行業におけるハンコについて

　銀行業務をめぐってはさまざまな技術の変化ないしは制度の変化が起こっているわけですが、銀行実務を考えるうえで「ハンコ」はきわめて重要な論点です。ハンコについては、ここ数年で大きな動きがあったと感じています。

　新型コロナウイルス感染症の感染拡大でリモートワークの推進が求められるなか、書類にハンコを押す必要があるからリモートワークができない、といったような話が新聞などでも取り上げられました。政府も「役所でもハン

コをやめよう」という方針となり、ハンコが一気に時代遅れの業務処理の代表選手のように取り上げられるようになったのです。

　伝統的な銀行業務を考えたときにハンコについては二つの重要な側面があります。一つは「顧客との取引のなかでハンコが必要とされている」という点です。もちろんATMやインターネットバンキング、モバイルバンキングにおいてハンコは必要ありませんが、店頭に行って取引をしようとすると、どうしてもハンコが必要になります。たとえば住所の変更であったり、結婚して名義を変えたりといった手続をしようとすると、取引を開始したときに登録したハンコが必要になってきます。

　もう一つは「銀行内部の業務においてハンコが必要とされてきた」という点です。銀行に限らずわが国の多くの大企業においては、稟議制度が採用されています。何か新しいことをしたいと考えたときには、誰かが稟議を起案し、起案者がハンコを押して、それを上司に回して上司がハンコを押して、最終的な権限のある人まで全員のハンコが押されたことで、はじめて会社としてその案が認められる、という慣行がありました。

　特に銀行においては、個々の融資案件につき稟議の起案が求められるという実務が定着してきたことから、稟議の重要性が他業種よりも高いといえるでしょう。最近になるまで銀行実務に書面の稟議は残っていましたが、ここ数年で多くの銀行において電子稟議システムが導入され、銀行の内部業務においてはハンコレス化が急速に進んできたといえるでしょう。しかし、顧客との店頭での取引においてはハンコがいまだに残ってしまっているのが現状です。

　ここで、一般論としてハンコの必要性について考えたときに、三つの観点が必要になってきます。一つ目は「認証手段」としてのハンコ、二つ目は「確認手段」としてのハンコ、そして三つ目がハンコの「文化的な側面」です。

　契約や取引をする際には、本人の行為であることを確認するためにハンコを求める実務があります。これが「認証手段」としてのハンコです。公的な書類ということになると、実印を登録するとともに、実印を用いる際に印鑑

証明書をとって本人の印であることを公的に証明するといった方法も一般的に行われています。

　ただ、この論点を考えるときには、いまやハンコを複製することが非常に容易になっているということは頭に入れておかなければなりません。もともと、三文判はどこでも買えるではないか、という議論はあったのですが、現在においては３Dプリンタを使えば、印影から高精度でハンコの複製をすることが可能です。

　私自身も実際の機械を使って実験をしてみたことがあります。銀行の窓口では、使われているハンコが正しいかどうかを自動判定する機械が活用されています。３Dプリンタを用いてハンコを複製した場合に、この機械を通り抜けられるかという実験です。さすがに数万円の安価な３Dプリンタでは無理でしたが、業務用といわれる数十万円のハイスペックな３Dプリンタを用いた場合には、機械の認証を通り抜けられてしまいました。そういったことを考えると、もはやハンコの認証手段としての有効性はあまり大きくないといえるのではないかと思われます。

　こういったことも背景にあり、銀行の対顧客取引においてもハンコレスの取引は拡大しています。そもそも口座を解説するときにハンコを要求しないというケースも増えてきています。この動きは「ネットバンク」といわれるような銀行だけでありません。メガバンクでも同様の動きが始まっています。今後も銀行におけるハンコレス化は定着していくのだろうと想像できます。

　「確認手段」としてのハンコについてはどうでしょうか。先ほど稟議の話のところでも述べたように、組織内のビジネスプロセスとして、誰が承認したかということを確認するために、ハンコは使われてきました。しかし、紙の書類にハンコを押すという作業がいかに非効率かという点が明らかになりつつあります。先ほど触れた電子稟議システムの導入もその例ですが、銀行も含めて多くの企業で、ビジネスプロセスがデジタル化され物理的に離れた場所でも業務処理が可能になりつつあります。

　日本では長年ハンコが使用されてきた歴史があり、軽々しくハンコを廃止

するというのはけしからん、といった主張がなされることもあります。ハンコの「文化的側面」です。なかには、どうしてもイメージとしてハンコが押されているものを確認できないと不安だ、という人もいるようであり、画面上で印影と同じようなものを再現するというソリューションを提供する企業も現れています。

　印鑑業界を保護する必要があるのではないかという話もよく出てきます。印鑑業界を守る議員連盟といったものもあるそうですが、ここまで述べてきたようなことを考えると従来のハンコの役割というのはすでに終わっていると認識したほうがよいでしょう。ハンコの文化的価値を伝統工芸品として保存していくべきであるといったような議論はあってもよいのですが、少なくとも銀行業を含む商取引の実務においては、ハンコレスを前提として高度な電子認証システムの開発を行っていくという方向性になっていくのではないかと思います。

6．新しい段階に入ったフィンテックと銀行業の未来

　フィンテックは新しい段階に入ったといわれています。ここでは、少しまた変化が起こりつつあるフィンテックと銀行業のかかわり方を説明します。

　フィンテックという言葉が最初に出てきたときには、これからどんどん出てくるベンチャー企業を含めた非金融の新しいプレイヤーと従来型の金融機関との間に「競合」（Competition）が生じ、フィンテックが従来のビジネスを破壊するだろうといわれていました。本章第2節で瀧さんも述べていますが、かつてJPモルガン・チェースのCEOのJamie Dimonは「シリコンバレーがやってくる」と株主へのレターのなかで述べ、それだけ既存の金融ビジネスが破壊されるといったことを予言しました。

　しかし、しばらくしてフィンテックが具体化してくるようになると、むしろ破壊・競争ではなくて、新しいプレイヤーと既存の金融機関との「協業」（Collaboration）を進めていくことが重要なのではないか、という点が指摘されるようになってきます。協業によって、従来の金融機関では考えつかないような新しい技術を使ったサービスを、スピード感をもって実現できるので

はないか、と期待されるようになったのです。Jamie Dimonも当初「シリコンバレーがやってくる」と述べた2年後には、「われわれはフィンテック企業とうまく協力している」と指摘するようになりました。

　最近はさらに状況が変わってきていると思われます。つまり、協業（Collaboration）というだけではなくて、さらに一歩進んだ「共創」（Co-Creation）が行われるようになってきているのです。従来型の金融機関と新しいプレイヤーが、ともに新しい付加価値を創出していくような状況が生じつつあります。

　オープンイノベーションという言葉が使われることが増えてきました。既存の金融機関と新しいプレイヤーの間で既存のしがらみと関係なく、両者がオープンな関係でクリエイティブな議論を進めましょう、という考え方です。Jamie Dimonも最近の株主へのレターで「フィンテック企業は世界中で新しい商品やサービスを銀行分野でもつくりだしている」と述べ、ベンチャーの価値を認めるような発言を繰り返しています。Jamie Dimonの「シリコンバレーがやってくる」という言葉だけが有名になってしまっているのですが、実はその後のフィンテックをめぐる環境は変わってきており、既存の金融機関と新しいプレイヤーの関係も変容しつつあるということは念頭に置いておくべきでしょう。

　いま、社会においてDX化が加速しています。新型コロナは明らかにその流れを後押ししました。金融庁の2020年度の行政方針でも、「金融デジタライゼーション」が取り上げられており、「金融機関を含む事業者は、単に従来の業務のやり方をデジタルに置き換えるのではなく、デジタル技術により新たな形で利用者のニーズを満たし、社会的課題を解決し、付加価値を創出するという発想が求められる」とされています。

　DX化には二つの意味があります。一つは、「従来のビジネスモデルのなかで顧客との関係はそのままに効率化を進めていく」という意味のDX化です。先に述べたRPAを活用した業務量の削減などはその典型例です。

　しかし、DX化にはもう一つの意味があります。それは、「デジタル技術の進化を前提とした環境変化のなかで、従来のビジネスモデルとは異なるまっ

たく新しいビジネスモデルを構築していく」という意味でのDX化です。金融庁の方針においても、後者のDX化も求められるという点は重要です。

さらに金融庁の行政方針のなかで注目すべきことは、「デジタルイノベーションを支える環境整備」として「デジタル化への障壁となっている従来の書面・押印・対面を前提とした慣行の見直しや、マイナンバーカードの利活用の推進など、オンラインで完結する非対面サービス普及に向けた取組みを進める」と明確に指摘されていることです。ハンコの説明の部分でも触れましたが、やはり従来やってきたことを所与のものとせずに、より効率的な方法を採用していくということも、もちろん重要といえます。

ここまでフィンテックを含めた銀行業におけるデジタル化の歴史や課題について説明してまいりました。議論を要約すると、銀行は歴史的に情報通信技術を活用してきましたが、既存の銀行は最近の技術変化によってかつての優越的な地位を失いつつある、といえるのではないかと思います。

フィンテックベンチャーや非金融企業といった新しいプレイヤーの参入により、銀行サービスの提供をめぐる競争環境は厳しくなっています。銀行の地位も危うくなっていると考えられるでしょう。私自身はもともと銀行員でしたが、いまや金融ベンチャー企業を支援する立場になってみますと、既存の銀行は必ずしも安泰ではない、という気がしています。新型コロナの影響で社会のDX化が一気に加速したこともあり、銀行も社会の変化にあわせてDX化を加速する必要に迫られています。

最後に1994年にマイクロソフトの創業者であるBill Gatesが言った有名な言葉を紹介します。「Banking is necessary, banks are not.（銀行機能は必要だが、銀行は必要ない）」という言葉です。銀行が提供している預金や貸出、決済、資産運用といった機能は、技術がどう変わろうが必要であることは間違いありません。でも、いまの銀行という制度や銀行という存在が、必ずしもそのままである必要はない、という指摘です。この指摘はきわめて本質を突いたものです。既存の銀行も技術や社会の変化への対応を進めていますが、加速する変化に追いついていない現実もあり、どのように生き残るか真剣に考える必要に迫られているといえるでしょう。

海外のフィンテックの現状と日本の課題

KPMGコンサルティング　東海林正賢

　スマートフォンの登場により世の中が大きく変化したことで、人々の生活に新しい行動様式が生み出され、ビジネスにおいてもすべての業界がテクノロジーによる変革を迫られています。金融業界も例外ではなく、テクノロジーとファイナンスの融合による新たな金融サービスが活況となっています。このような潮流は「フィンテック」と名付けられ、いまでは世界中で当たり前に活用される用語になっています。

　私は世界的にみればフィンテックにより「テクノロジー業界が金融市場を侵食した」というとらえ方をしています。それまでの金融業は、規制に守られ、大規模な資本と大量の人員やシステムを抱えた企業でなければ営むことはできないものでしたし、参入障壁もきわめて高い業種であると考えられていました。

　ところが、時代の変化によりテクノロジー業界に精通したプレイヤーがまったく新たな視点で金融サービスを見直すことができる時代がやってきました。最先端のテクノロジーを活用することで、より安く使いやすい金融サービスを生み出すことができるのではないか、という考えに至ったのです。全部はできないけれども一部分ならできるかもしれないといった挑戦を繰り返すことで、金融機関が担っていた分野を少しずつ侵食してきた、という見方をすることができるのではないかと思います。

　2008年に米国のリーマンブラザーズが破綻し、いわゆるリーマンショックが起こります。伝統的な金融機関が混乱に陥るなかで、金融機関を離れた人たちが米国西海岸でテクノロジーカンパニーの人たちに出会い、技術的知見をもった人たちと金融の知見をもった人たちが交わったこともフィンテック

の登場につながったともいわれています。

　金融機関からすれば、いままでいなかったタイプの競争相手が生まれてきたことで、自分たちのサービスにもテクノロジーをもっと活用して既存のサービスを革新していくことが至上命題となりました。伝統的な金融機関のなかにも、いくつものデジタル専門組織が立ち上がり、イノベーションの必要性が叫ばれるようになりました。場合によっては、テクノロジーを有する会社を買収しようという動きも活発になってきました。

　いずれにせよ、フィンテック企業が多数生まれ、新たな金融サービスが次々と生み出されることで、消費者に利便性をもたらし、新たな生活スタイルも生まれる契機になったといえるでしょう。

　私はグローバルな会計事務所のネットワークであるKPMGに属するKPMGコンサルティングでフィンテック部門のリーダーを務めています。本節ではそういった立場から、KPMGのリサーチも紹介しながら、世界のフィンテックの現状を説明したうえで、日本の課題についても少し触れていきます。

1．世界のフィンテック投資の市場規模

　まず、昨今のフィンテック投資のグローバルな市場規模についてみていきましょう。KPMGが年に2回発行している調査レポート「Pulse of Fintech」によると、フィンテック投資の市場規模は2020年で1,053億ドルであり、前年の1,680億ドルに比べると大きく下がりました（図表1−11）。

　ベンチャーキャピタル（VC）やプライベートエクイティ（PE）、M&Aをあわせた合計では、2020年は新型コロナウイルス感染症の影響があり低下しています。しかし、内訳をよくみると、大きく下がったのは国を跨るM&Aであり、フィンテックベンチャー向けのVCやPEに対する出資についてはほとんど減少していません。

　コロナ禍によって外出に規制がかかったことにより、実店舗ではなくデジタル中心のビジネスを行っているフィンテック企業の価値が見直されたことも活発な投資を呼び込む要因になったといえるでしょう。M&Aに関しては

図表１－11　フィンテック投資の市場規模（VC、PE and M&A 2017－2020）

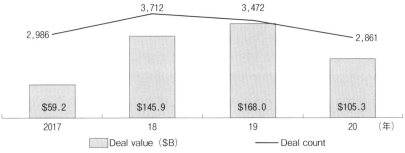

（注）　2020年12月31日時点。
（出所）　Pulse of Fintech H2'20, Global Analysis of Investment in Fintech, KPMG International（data provided by PitchBook）, as of 31 December 2020.

コロナ禍により、まとまるものがまとまらない状況もあったと思いますが、また今後増加してくると予想されます。

　2020年のフィンテック関連の世界トップ10ディールをみてみましょう（**図表１－12**）。かつてよりも規模が大きくなってきていますが、大型案件は米国に集中しています。トップ10のうち八つは米国の案件であり、日本にはまったく大型案件はありません。欧州は新型コロナの影響もあり、それほど多くありません。

　2020年の世界最大のフィンテック投資案件は、米国の金融サービス会社、チャールズ・シュワブによる、同じく米国のTDアメリトレードホールディングへの220億ドルを超える規模のM&Aでした。TDアメリトレードホールディングは株式投資アプリを開発している会社です。これはチャールズ・シュワブがリテール向け証券業務を強化するためと考えられており、この合併で500兆円を超える資産額を有する巨大企業が誕生することになりました。

　また２番目のフィンテック投資案件は、米国のイントゥイットというフィンテックサービス企業による同業のクレジット・カルマへの71億ドルのM&A案件でした。どちらの企業も個人の支出データに基づいた財務サービスを提供する企業であり、統合することで個人に最適なサービスを提供するための両者のノウハウとデータがさらに磨かれていくことになると予想され

図表 1 −12 2020年トップ10ディール（フィンテック関連）

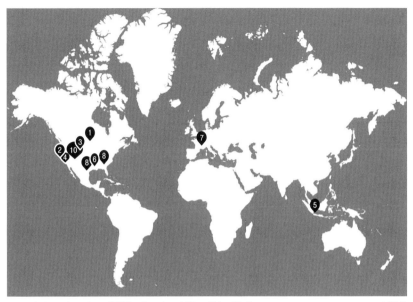

1. TD Ameritrade − $22B, Omaha, US − Wealth/investment management − *M&A*
2. Credit Karma − $7.1B, San Francisco, US − Lending − *M&A*
3. Vertafore − $5.35B, Denver, US − Institutional/B2B − *M&A*
4. Honey Science − $4B, Los Angeles, US − Payments/transactions − *M&A*
5. Gojek − $3B, Jakarta, Indonesia − Payments/transactions − *Series F*
6. IberiaBank − $2.54B, Lafayette, US − Banking − *M&A*
7. Avaloq − $2.3B, Zurich, Switzerland − Institutional/B2B − *M&A*
8. Paya − $1.3B, Dunwoody, US − Payments/transactions − *Reverse merger*
8. Open Lending − $1.3B, Austin, US − Lending − *Reverse merger*
10. Galileo − $1.2B, Salt Lake City, US − Payments/transactions − *M&A*

（注） 2020年12月31日時点。
（出所） Pulse of Fintech H2'20, Global Analysis of Investment in Fintech, KPMG International（data provided by PitchBook）

ます。

　米国を除くと最大のディールは5番目のインドネシアのゴジェックです。インドネシアの有名な企業ですが、上場はしておらずシリーズF、つまり6回目の大型資金調達ということになりました。

ちなみに世界でいちばん大きいフィンテックベンチャーといわれている会社はストライプです。米国サンフランシスコで2011年に創業されたオンライン決済システムを提供する会社ですが、上場はしていないものの時価総額は10兆円程度の評価であるといわれています。日本の金融機関のうち時価総額最大の企業はMUFGですが、それでも８兆円程度（2021年12月末現在）ですので、それを超える規模になります。

２．新興国におけるフィンテック

　グローバルディールのようなお金がお金を生むようなお話と少し趣が異なるテーマとして、世界の金融システムをみたときに、フィンテックに期待されるものの一つにアンバンクト問題（口座非保有問題）の解決があります。世界的には、特に新興国において現在は金融システムへのアクセスがない人々が金融システムにアクセスできるようにするために、フィンテックの技術が活用できないか、期待されているのです。

　世界には金融システムが普及している国もあればそうでない国もあります。日本ではほとんどの人が一定水準の金融サービスを受けられますし、OECD加盟国の９割以上の人が金融システムにアクセスしています。

　しかし、世界銀行によると、世界には金融サービスの恩恵を受けられていない人たちが20億人以上も存在するとのことです。フィンテックの活用が、こうした人たちに金融サービスを行き渡らせ、貧困問題の解決につながる希望とされています。

　また、「すべての人に金融サービスを届けることができる状況」のことを金融包摂（ほうせつ）（Financial Inclusion）と呼びます。世界銀行としても、フィンテックのようなテクノロジーを使った金融サービスを活用することによって、金融包摂を実現することができるのではないか、という期待をもっています。

　特にインドやパキスタン、バングラデシュ、ナイジェリア、エジプトなど25カ国がFocus Countryに指定されています。この25カ国に金融サービスが普及すれば、金融サービスが普及していない人のうちの73％は救われること

図表1－13　金融システムが未普及の国々

金融システムが未普及の人口規模は20億人以上にものぼる

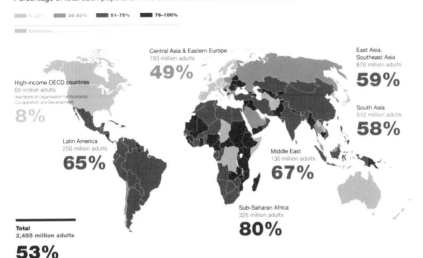

Percentage of total adult population who do not use formal or semiformal financial services

（出所）　https://bravenewcoin.com/news/banking-the-unbanked-catalyst-for-bitcoins-mass-adoption/

になるとのことです（図表1－13）。

　最も有名な取組みはおそらくケニアのM-PESAというサービスでしょう。英国のボーダフォングループ傘下の通信会社大手、Safaricomが提供し一気に普及したサービスで、携帯電話を使った送金システムを提供するものです。サービス自体はフィンテックという言葉ができる前からスタートしていますが、途上国においてフィンテックが経済を大きく改善した例として、頻繁に取り上げられるものです。

　このサービスは携帯電話さえあれば、お互いに現金を送り合うことができるというサービスです。地方の村にある携帯電話の販売やレンタルを行っている店に行くことで、あたかも銀行の窓口のように現金を受け取ることができるようになりました。携帯電話番号に紐づいているため、スマートフォンのような機能も高速な回線も必要とせず、普通の携帯電話でも運用することが可能です。これはスマートフォンが普及していないような国においてはあ

る意味では強みであるといえます。

　かつてはケニアでは送金をするのも大変でした。たとえば、出稼ぎに行ったお父さんが都心で働いてお金を得たとします。雇用者から銀行に入金しましたという連絡を受け、家族が歩いて２日かけて銀行に行ったりしていたそうです。ようやく銀行にたどり着き、現金を受け取ることができても、その帰り道で強盗にあったりするといったことも頻繁に起こっていたそうです。

　M-PESAの普及により、そういった社会的課題が解決しました。携帯電話会社があたかも銀行のような役割を果たすシステムが構築され、金融サービスの普及がまさに社会を大きく変えたのです。冒頭でフィンテックの特徴としてテクノロジー業界による金融市場の侵食を促した点を指摘しましたが、M-PESAの例はボーダフォンの子会社であるSafaricomというテクノロジー企業が従来は銀行が担っていた役割に取って代わった典型例であるといえるでしょう。

　インドは金融システムの構築が遅れていましたが、政府が2009年から官民連携により推進したアドハー（Aadhaar）プログラムにより一気に金融を取り巻く環境が変わりました。

　日本には戸籍制度があるので想像もつかない話かもしれませんが、インドでは長らく自分が本人であることを証明する、つまり本人確認をする手段がない、という深刻な問題を解決できませんでした。

　そこで、このプログラムに基づき国民一人ひとりに固有の12桁のIDが発行されることになりました。IDは最先端の顔認証や指紋認証、虹彩認証といった生体認証システムと紐づけられることになりました。

　2019年時点ですでにインド国民の９割以上、約12億人が登録ずみになっているとのことです。日本ではマイナンバーカードの普及がなかなか進みませんが、インドでは一気に９割を超えており、さらにそれが最先端の生体認証システムと紐づけられているわけです。もちろん日本のマイナンバーカードの議論にもあるように国家による監視の問題や個人情報保護の問題もあるでしょうが、見方によっては制度的に日本の先を行ってしまったともいえるでしょう。

従来、インドにおいてはどんなに貧しくても本人確認ができないことから生活保護などの行政サービスが受けられない人がたくさんいたのですが、アドハープログラムの推進によって本人確認ができるようになり、多くの人が義務教育や生活保護などの行政サービスを受けられるようになりました。

　また、自動車も無免許で乗っていた人が多かったそうですが、自分が誰であるかを証明できるようになることで運転免許証を取得する人も増加したそうです。さらにはIDに基づき約1億3,000万件のLPガス購入契約が成立し、約1億4,000万人分の食糧配給カードが配布され、約7,700万人に農村雇用保障制度が適用されました。多くの社会的課題が解決されたわけです。

　アドハープログラムの推進による効果はそれだけではありません。金融システムの構築において、本人確認はきわめて重要です。自分自身が誰なのかが証明できなければ銀行口座を開設することができません。アドハープログラムによってそれが可能になり、約3億の銀行口座が新たに開設されました。ひとたび銀行口座が普及するとローンなど、他の金融サービスもそれらに付随して普及します。一気に金融システムが構築されたのです。

　このプログラムの大きな推進力になったのが、最先端の生体認証システムでしょう。本人確認のために、氏名や戸籍上の住所といった情報すら必要ありません。生体認証とIDだけで本人確認が可能なためきわめてシンプルです。実はこの生体認証システムの技術は日本の企業が提供しているものです。そういった意味では、アドハープログラムについても、非金融のテクノロジー企業が、従来は銀行が担っていた役割に取って代わった例であるともいえるでしょう。

3．中国におけるフィンテック活用

　フィンテックを活用して金融サービスが進化した事例としてケニアやインドの例を解説してきました。こういった国では、特に決済サービスの利便性が高まることによって社会に大きな変化がもたらされています。

　フィンテックを活用した決済サービスの普及により、金融業が大きな発展を遂げた国の代表例が中国です。決済サービスは消費者のお金の流れを掴む

ことができるようになるため、個人の消費スタイルを知るうえでは大変重要なサービスです。従来であれば決済ビジネスは自社の加盟店を獲得し、専用の端末を配布するというコストがかかるため、新規参入がむずかしいビジネスでした。しかし中国で広まったスマートフォンとQRコードを使う方法を使えば、加盟店ではQRコードが印刷された紙を貼り出すだけでよいため、一気に参入障壁が低くなり多くの会社が参入することになりました。

　具体的には、中国の電子商取引最大手のアリババ・グループの関連会社アント・フィナンシャル・グループが提供する「アリペイ」と、SNSサービスのガリバー企業であるテンセントが提供する「WeChatペイ」の二つが中国のモバイル決済シェアの90％以上を占めています。もちろん中国にも銀行は存在するのですが、個人向け決済業務においては、まさに非金融のテクノロジー企業の独壇場となっているわけです。

　決済サービスは薄利多売のビジネスであるため、単独で利益を出すことはよほどの規模がない限りむずかしいのですが、決済サービスを活用してもらうことで得られるデータに大きな価値があることや、顧客とのエンゲージメントを高めることも期待できるために、コスト度外視でのサービス拡大が行われました。結果としては、ポイント還元などのマーケティング施策を各社が展開することにより、フィンテックスタートアップよりも大規模な資本がある通信会社が市場シェアの多くを占めることとなりました。

　さらに中国においては、決済サービスの提供により獲得した自社データを活用した金融サービスの提供を行う段階に来ています。その代表的な例が、アリペイを提供するアント・フィナンシャル・グループが展開する「芝麻信用（ごましんよう）」という個人の信用を格付けするサービスです。

　このサービスではアリペイなどのさまざまなサービスの利用状況から、以下の五つの領域で点数付けを行います。

①　身分特質（ステイタスや高級品消費など）

②　履約能力（過去の支払履行能力）

③　信用歴史（クレジットヒストリー）

④　人脈関係（交友関係）

⑤　行為偏好（消費面の際立った特徴）

　結果として、950〜700が「信用極好」、699〜650が「信用優秀」、649〜600が「信用良好」、599〜550が「信用中等」、549〜350が「信用較差（やや劣る）」となります。この個人のスコアは、具体的な計算方法は公開されてはいませんが、月に1回本人に通知され、これが金銭の貸付など他の金融サービスの基礎情報となります。たとえばスマートフォンから少額の貸付などが簡単に行えるようになります。

　このスコアはアリババ・グループのサービスだけでなく、信用力が必要となるさまざまな局面で活用されています。たとえば就職の際に○○点必要である、といった使われ方もしますので、いまでは中国の多くの人が、このスコアを気にするようになっています。

　さらにアント・フィナンシャル・グループは「芝麻信用」の点数を活用し「相互保（シャンフーバオ）」という共済保険のようなサービスも立ち上げています。このサービスはスコア650点以上のアリペイユーザー限定で参加できる保険です。参加者は、定義された100の重大疾患にかかったときに、39歳以下は最高30万元（約490万円）、40〜59歳は10万元（約160万円）が支払われます。

　興味深いのが、会員が保険適用の申請をする際に、その申請書類自体はブロックチェーン上で全員が閲覧することができるという仕組みです。個人情報をみることはできませんが、誰もが書類を確認し、不備があれば異議申立てをすることができます。もし、一人でも異議を唱える会員がいた場合には審査が行われます。

　会員が支払う保険料は、月に2回全員で均等割されるため、会員が多ければ多いほど個人ごとの負担額は少なくなることになります。また、保険料の負担というよりは助け合いという側面が強調されており、加入者はサービス開始2年で1億人を超えるほどに成長しました。

　わが国でもみずほ銀行とソフトバンクが共同でジェイ・スコアという子会社を設立し、個人の信用格付と貸出を始めました。会員登録すると100を超える質問に答えることで、個人のスコアが設定され、自分でも限度額と金利

を確認することができます。ただ、わが国の場合、個人金融に関してはすでに消費者金融や信販、クレジットカード会社が存在していますので、まだ従来型のシステムが中心であるといえます。

4．世界の金融機関が意識するフィンテック

　ここまで世界各国でテクノロジー企業が金融業に侵食してきた状況をみてきましたが、それでは侵食される側の世界の金融機関はフィンテックをどのようにとらえているのでしょうか。少し古くて恐縮なのですが、2017年にKPMGインターナショナルが世界36カ国の160社の金融機関に調査を行っています[2]。

　この調査では、世界の金融機関の多くが「フィンテックによる変革に対応するための施策は一つではない」と考えていることがわかりました。そのため、自社で対応するのみでなく、買収や提携などさまざまな施策を並行して進めている状況でした。

　この調査で興味深いのが、フィンテック対応ないしはデジタル化に成功している金融機関には以下のような特徴があることがわかったことです。

(1)　クリアなストラテジーの存在

　フィンテックの活用ないしはデジタル化というものは、実際に本格的に取り組むとなると、相応にお金も時間もかかるものです。フィンテック対応に成功している世界の金融機関の場合には、目指すべき姿が明確にされており、実現のためのロードマップが策定されています。そして、大型の投資を行い、短期的な収益ではなく、中長期的に5年程度かけて回収をしていくことによって、現状とのGAPを埋めるための施策が実施されています。

　日本の金融機関のなかには、フィンテックの活用やデジタル化について、なんとなく簡単にできそう、であるとか、すぐに結果が出るのではないか、

2　「Forging the future: Embracing fintech to evolve and grow」2017年8月公表
　https://home.kpmg/tw/en/home/insights/2017/10/forging-the-future-with-fintech-
　fs.html

といったイメージをもっている方も多いのかもしれません。大きなコストをかけずに短期的な結果を求めたり、しっかりとした戦略がなく、よさそうな施策を五月雨式に取り入れたり、といった対応をしているために、結果として効果があまりあがらない、という話も耳にします。

⑵　ストラテジーを既存組織のKPIと紐づけ

同調査によると、フィンテック対応ないしはデジタル化に先行している世界の金融機関では、企業のストラテジーが既存の組織のKPIと紐づいており、現状の社内のリソースやケイパビリティーを鑑みて設計されていました。このKPIとの紐づけということはきわめて重要であると考えられます。

日本の金融機関においては、たとえば社長（頭取）直轄の部署としてDX（デジタルトランスフォーメーション）専門の組織が組成され、明らかに合理的な新しいソリューションを企画したとしても、実際に現場に話をすると現場の部門長クラスの人から「現場は収益目標の達成が大変でそれどころではない」といったような対応をされてしまうことがよくあります。

現場組織を動かすことができなければ、いかにそれが素晴らしいソリューションであったとしても意味がありません。現場組織を動かすためには、たとえば従来は「○○円の収益目標」といったKPIだったものに加えて「収益の○％は新しいシステムを活用したものにする」といったようなKPIを設定することが必要になってきます。

新しいソリューションを普及させるためには、既存組織のKPIに直結するソリューションを展開するか、もしくは収益や利益の向上以外のKPIを既存組織に追加するといったことにより、ストラテジーが既存組織のKPIと紐づけられることが重要であるといえます。

⑶　現状存在するGAPを埋めるための施策が進行

フィンテック対応ないしはデジタル化において先行している世界の金融機関の場合においても、やはりストラテジーが意図したものと現状とのGAPは存在していますが、同調査では、そのGAPを埋めるための具体的な施策

が進められていることがわかりました。

　フィンテックやデジタル化の分野は未知の分野も多く、また変化が激しいものでもありますので、理想と現実とのGAPはどうしても出てしまうものです。大切なことはそういったGAPをしっかりと認識し、それを埋めるための具体的な施策を進められているかということなのだと思います。

　さらに同調査において非常に興味深いことは、フィンテックを活用したストラテジーの最も重要な目的として、回答企業（世界の金融機関）の75％が「顧客体験の強化」と答えていることです。

　実は、日本企業の場合にはそうではありません。コスト削減を重視しています。KPMGジャパンが慶應義塾大学FinTEKセンターと共同で行った調査「Fintech Initiative 2030」[3]（2019年11月公表）では、国内企業がフィンテックの活用に期待していることとして、69.4％の会社が「業務の効率化」をあげており、「顧客体験価値の向上」については30.0％の会社しか指摘していません。また、同じ調査でフィンテックの活用およびデジタル化への中期計画やロードマップについて65.3％の会社が「策定していない」と回答しています。

　また、KPMGが世界で実施した別の調査（CIO調査2019年10月公表）[4]によると、日本の場合には「過去1年間でテクノロジー関連予算が拡大している」と答えた組織は56％であり、おおむねグローバル平均（55％）程度であるものの、「今後3年間で抜本的または大規模な変革を見込む」と答えた組織の割合は23％と、グローバル平均（44％）を大きく下回っています。

　これらの結果から読み取れるように、海外と日本国内ではフィンテックは何であるのかという認識がそもそも異なることがわかります。

3　https://assets.kpmg/content/dam/kpmg/jp/pdf/2019/jp-fintech-initiative-2030.pdf
4　https://home.kpmg/jp/ja/home/media/press-releases/2019/10/cio-survey-2019-release.html

5．消費者の行動様式の変化に対応するために
──データ分析の重要性

　前述と同じKPMGインターナショナルの調査において、「今後3年間で最も興味があるフィンテックテクノロジーは何か」という質問に対して、67％の企業（世界の金融機関）が「分析力とビッグデータ」と回答しています。フィンテックを活用する際にキーとなるのはデータです。単にAI（人工知能）を使えばいい、であるとか、ブロックチェーンを使えばいい、ということではなく、いかにビッグデータを分析するかということが重要であると、多くの世界の金融機関が考えているのです。

　なぜビッグデータの分析が必要とされているのか、ということについて考えるときに、重要なファクターとなるのは消費者の行動様式の変化です。さまざまなテクノロジーの発展を背景としてここ数年で消費者の行動様式は大きく変化しました。一方で、その行動様式の変化がスマートフォンなどを通じてデータ化されるようになりました。変化に対応するためにビッグデータを分析することが大きな意味をもつようになったのです。

　かつての金融実務においては、大事な話は相手の目をみて聞け、といわれたものです。顧客の前でメモすら取ることが許されませんでした。でも時代は変わりました。

　世界の変化を表す象徴的な2枚の写真があります。2005年と2013年のローマ教皇の話を聞く聴衆の写真です。2005年の写真では教皇の話をしっかりと心にとどめようとみな瞬きもせずに見入っています。

　しかし、2013年の写真では、ほぼすべての人がローマ教皇の話をスマートフォンの動画として記録しています。かつては、大事な話は遠くからでも講演者のほうをみて聞くことが当たり前でしたが、いまでは重要な話はスマートフォンで録画しながら画面越しにみるようなことが世界中で行われているのです。このエピソードのように、消費者の行動様式は大きく変化しました。

　したがって、現代の行動様式に適したマーケティングやサービスを行うためには、過去の常識が通用しない時代となりました。特に西暦2000年以降に

成人式を迎えたミレニアル世代は行動様式や価値観がそれまでと大きく異なることがわかっています。具体的には、二度の経済危機を経験したためか、所有することをあまり好まず、また他者とのつながりを重視するといわれています。

　消費者の行動様式は国によっても異なります。KPMGインターナショナルが実施したグローバル消費者行動調査「me, my life, my wallet」（2019年12月発行）によると、「携帯電話をなくすことと財布をなくすことのどちらがマシか」という問いに対して、米国の消費者の74％は「携帯電話をなくすほうがマシ」と答えたのに対し、中国の消費者の73％が「財布をなくすほうがマシ」と答えています（**図表1－14**）。日本のデータは載っていませんが、私の予想ではおおむね英国と似ているのではないかと思います。このように、考え方の違いは国によっても大きく異なることがわかります。また、傾向として「財布をなくすほうがマシ」と考える人の割合が増えてきていることが指摘できます。

　さらに、新興国を中心に新しい中間層が増大しています。2007年には年収3,000ドル以下の人たちが世界に40億人いるといわれていました。この「ベースオブピラミッド」と呼ばれる層の人たちが、新興国の経済の発展とともに

図表1－14　消費者の行動様式の変化（国別）

	調査年度	米国	英国	インド	中国
携帯電話を なくすほうがマシ	2017年	74％	61％	57％	29％
	2019年	74％	53％	45％	27％
	増減	±0％	△8％	△12％	△2％
財布を なくすほうがマシ	2017年	26％	39％	43％	71％
	2019年	26％	47％	55％	73％
	増減	±0％	＋8％	＋12％	＋2％

（出所）　KPMG消費者行動調査me, my life, my wallet2017および2019年より筆者作成
　　　　　https://assets.kpmg/content/dam/kpmg/jp/pdf/jp-me-mylife-mywallet.pdf
　　　　　https://assets.kpmg/content/dam/kpmg/jp/pdf/2019/jp-me-mylife-mywallet.pdf

一気に所得を向上させ、分厚い中間層を形成するようになりました。世界的にはこの新しい中間層がきわめて大きな影響力をもっており、新しい価値観をもった消費者を生んでいます。

さまざまな社会変化を背景として消費者の行動様式が変化するなかで、世界的な金融マーケティングのアプローチもいままでの経験と勘では対応できなくなってきています。一方で、世界の分厚い中間層の多くがスマートフォンを保有しており、スマートフォン経由でビッグデータが蓄積されています。したがって、スマートフォンからデータを集め、そのビッグデータを分析し、一人ひとりの顧客別に丁寧に対応していくことにより、はじめて、変化した消費者の行動様式のニーズに対応できる社会になるといえるでしょう。

6. 日本のフィンテックの今後

すでに多くの消費者のライフスタイルにはフィンテックが浸透しています。わが国の一般的な社会人の1日を考えてもフィンテックが浸透していることがわかるでしょう。

朝はコンビニでキャッシュレス決済を使い、電車内でもスマートフォンで買い物をし、仕事の合間に銀行の口座残高の確認や決済アプリへのチャージなどが可能です。会社帰りに同僚と居酒屋へ飲みに行っても支払はスマートフォンアプリで割り勘をすることができ、家に帰ってもクラウドファンディングや資産管理アプリで手軽に資産運用も行えます。

こういった一連の活動はすべてスマートフォンのアプリから行われるため、アプリの提供側はお金がどのように使われているのかに関するデータを取得することが可能です（**図表1－15**）。

ビッグデータを取得するために必要なものは「顧客との接点」です。金融サービスにおいて最も顧客との接点をつくりやすい業務は決済です。中国のアリババ・グループやテンセントの場合には、決済を含めたエコシステムに関するすべての情報が1社に集中しています。アリババやテンセントの時価総額が高くなっている理由はまさにこの点にあるといえるでしょう。

図表1-15　エコシステムによるデータの拡充

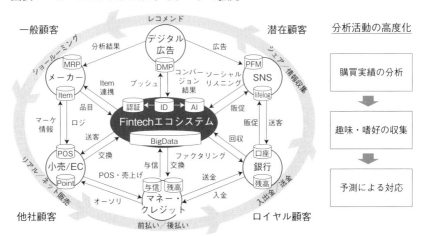

　ところが、わが国ではこれらの情報が1社に集中しておらず、分散しているという問題があります。各エコシステムに、それぞれサービスを提供する会社があるのです。しかし、ビッグデータの分析のために、関連するすべての情報を自社に集約し分析をしたいと考えるようになってきました。

　そこで、エコシステムの一部を支配している会社が決済を足がかりとして、すべての情報を支配したいと考え、わが国でも「○ペイ戦争」という激しい顧客争奪戦がなされたのです。実は、決済サービス自体は儲かる業務ではありません。数百万人の利用者がいても儲からないビジネスなのですが、そこから得られるビッグデータと、ビッグデータを活用して展開されるビジネスから得られる収益を期待し、なんとしても決済インフラを押さえたいというねらいがありました。

　決済システムを押さえると、購買実績の分析が可能になります。この消費者はどんな物を買うのかといった分析です。でも過去の購買行動だけを分析していても次に何を買いたいのかはっきりとはわかりません。次に買いたい物をお勧めするためには、その消費者の趣味や嗜好に関するデータが必要になります。

　ですからSNSのデータであるとか、スマートフォンでどんなウェブサイト

を閲覧しているかといったような情報を知りたいと考えるわけです。

　消費者の過去の購買行動がわかり、かつ趣味や嗜好もわかれば、その消費者がどのような商品に興味をもっているか、次にどのようなものをお勧めすれば実際に買ってくれるのか、といったことが相当の精度で予測できるようになります。

　つまり、日々のデータを積み重ね、今後どういうことが起こるのかということがわかるとビジネスにつながってくるわけです。決済などのフィンテックの技術を使って行われている金融サービスは、データとして価値がきわめて高いことから、非金融の企業がこぞってほしがります。そして、決済を中心としたビッグデータのエコシステムが形成されやすい状況が生まれます。

　さて、決済により顧客との接点を押さえて、他の金融サービスに展開していくという戦略は、言葉で説明するのは簡単ですが、実際には多くの困難が生じます。

　特に規制対応は大変です。預金業務、貸出業務、クレジットカード業務、証券業務、資産運用業務、生命保険業務、損害保険業務といった金融サービスの提供を行うためには、すべて免許を取得する必要があります。それぞれの業務を行うためには異なる免許を取らなければいけないわけです。

　そこで各社はそれぞれの業種に属する金融機関を買収しグループの傘下に収めたり、戦略的に提携を行ったりすることにより、金融サービスをフルラインナップで提供できる体制を築こうとしています。金融庁もこの問題に対応するために、新たに「金融サービス仲介業」というライセンス制度を導入し、限られた範囲ではありますが、一つの免許で複数の金融サービスを提供できるような法制度も整いつつあります。

　今後も金融業や関連した業種において、合併・買収や提携が多くなされると思いますが、これからは「ビッグデータをどうやって集めるか」という観点が買収の一つのキーファクターになるだろうと考えられます。

フィンテックとアントレプレナーシップ
──74年ぶりの生命保険会社の設立を通じて

Spiral Capital　岩瀬　大輔

「フィンテックとアントレプレナーシップ」というテーマをお預かりしていますが、私自身、いまの言葉でいえばフィンテックという分野に該当する「ライフネット生命」というインターネットで生命保険を売る会社を起業する経験をしました。本節では、そのときの経験談をさせていただきます。

いまの金融の世界は暗号資産やブロックチェーンの技術がどんどん進んでいまして、そういう世界に比べると私の起業の話など、もはや石器時代のような感じがするもので大変恐縮なのですが、当時はインターネットで生保を売るというサービスは画期的なものでした。

起業というと、皆さんにはキレイな部分しかみえてこないかもしれませんが、実際にはさまざまな生々しいストーリーがありました。ぜひ、そういったことを皆さんの参考にしてほしいと思います。

１．起業のきっかけ

もう20年近く前になるのですが、2004年、私は28歳のときに米国のハーバードビジネススクールに留学しました。ちょうど留学２年目の冬休み、日本に一時帰国し、あるベンチャー投資家に会うことになります。その人から「あなたのブログを読んでいて、ずっと会いたかったんだ」といわれました。これがすべての始まりでした。

当時私は、留学の２年間なんてあっという間に過ぎてしまうので、２年間の学びをすべて記録しておきたいと考え、毎日一生懸命ブログを書いていました。普段の生活などに加えて、米国のいきすぎた金融資本主義みたいなテーマでも書いていて、そこが面白いと出版社の日経BP社の目にとまり、

書籍[5]にもなりました。その方も私のブログを読んでくれていたのです。

　私は、新卒でコンサルティング会社に入り、少しベンチャーっぽいことに携わり、その後投資ファンドで働いていました。そして、28歳で留学して30歳で帰ってくるのですが、ちょうど帰国したら何をしようかと考えていたときでした。「せっかく一度きりしかない人生なのだから、思いっきり自分しかできないことにチャレンジしたらよいのでは」ということをその方にいわれて、とても心に響きました。

　ハーバードビジネススクールでは、学内にこういう詩が貼られていました。

　"Tell me, what is it you plan to do with your one wild and precious life?"
　Mary Oliver, Pulitzer Prize winning poet
　「さぁ教えてください、一度しかない、あなたのワイルドでかけがえのない人生を、あなたはどう生きていくのですか?」
　　　　　　　　　　　　ピューリッツァー賞受賞詩人　メアリー・オリバー

　一度きりしかない人生だから思いっきりチャレンジするべきじゃないか。私自身もちょうどそんなふうに悩んでいた頃に、こういった言葉を掛けられたのは、まさに運命だったと思います。

　「もし特にやりたいビジネスがないのだったら、いくつか面白いビジネスを考えているので一緒にやらないか」といわれました。この方は、マネックス証券創業者である松本大さんの大学時代からの大親友で、投資家としてマネックスの立上げにもかかわり、役員もなさっていた谷家衛さんでした。

　私はいったん米国に戻ったのですが、翌月2月には谷家さんが出張にあわせてわざわざボストンに来てくれました。そのとき、「いろいろ考えたのだけど、岩瀬君には保険がいいんじゃないか」といわれました。「金融という

5　岩瀬大輔著『ハーバードMBA留学記　資本主義の士官学校にて』(日経BP)

のは公共性が高く、社会的な信頼みたいなものが大切。加えて、法律の理解も大事で、海外の事情もわかっていることが前提になる。岩瀬君はライブドアの堀江さんなどには絶対勝てないけれども、金融の世界だったら強みが活かせるだろう」といわれたことをよく覚えています。

もしかしたら今回のフィンテックの講義で一貫している柱かもしれませんが、金融にはそういった公共性や社会的な信頼が必要です。その金融のなかでもさまざまな業種がありますが、当時すでに証券、銀行、自動車保険はネット化されていました。「最後に残っているのが生命保険だから、生命保険でベンチャーをやらないか」といわれました。

私はこのとき、保険のことは何も知らなかったし、興味もなかったし、考えたこともなかったのです。でも同時に、何か面白そうだとピンときたのです。

若い学生さんと話しているときによくいうのが、「思いもしなかった話が降ってきたときにどう対応するかによって、人生は大きく変わる」ということです。

想定外のものが飛んでくると、よけるのが多くの人の自然なリアクションですよね。でも自分を含めて1割ぐらいの人は、想定外のものが飛んできたら顔からぶつかりにいきます。私はそのとき、周りに保険でベンチャーなどといっている人はいなかったので、この話はとても面白そうだな、と思いました。そういう思いもしなかったときに、実はよい出会いがあるのです。何事も決めつけずに、まずは突っ込んでいくのがとても大事だと思っています。

2．出口さんとの出会い
──新しいビジネスが生まれる3条件

このとき、私は谷家さんに「保険はとても面白そうだけど、自分は保険を何も知らないのでぜひ詳しい人を紹介してください」とお願いしました。そして、4月にもう一度日本に帰国し、投資家との打合せに行ったら、そこにいきなり知らないおじさんが立っていたのです。エレベーターから降りたら

ポツンと立っていて、この人は誰かなと思っていたら一緒にミーティングに入ってきました。

　実はその人こそが後に一緒にライフネット生命を立ち上げることになる出口治明さんでした。出口さんは生命保険業界ではとても有名な人で、日本生命で名をとどろかせて、金融庁の人も教科書に使っているような保険の本を執筆している方でした。

　その出口さんがミーティングで語り始めたのを覚えています。「生命保険というのはいつの時代も健全な市民社会を支える大切な存在である。それがいつの頃からかおかしくなって、いまは社会の信用を失っている」といったような話でした。

　ちょうどその頃（2005〜2006年頃）、「保険金の不払い問題」が大きな話題になっていました。払うべきはずの保険金が払われていなかったという話です。全社調べてみると相当な件数、金額があったのです。当時、保険の営業というのはなんとなく怪しい、胡散臭いといった風潮がありました。出口さんは30年間、ずっと生命保険業界で働いてきたのでその事態をとても憂いていました。

　「まったく新しい生命保険会社をつくりたい。それが業界の恩返しにもなるはずだ。いつの時代も革新というのは競争によって生まれてきた。競争が業界に刺激を与えてサービスの質を向上させて世の中をよくしていく。小さい会社になるかもしれないけれども、とびっきり消費者目線の会社をつくったら、必ず業界は変わる。ぜひ、そういった会社をつくりたい」

　出口さんの話はこういった内容だったと記憶しています。当時の私は30歳でMBAの学生で、保険のことも何も知らなかったので、この話を聞いたとき「えっ、そんなことが本当にできるんだ」と驚きました。仮に保険のベンチャーをやるとしても、漠然と保険業の周辺的なものを、なんとなく想像していて、まさかこんな真ん中の保険会社をつくるということは考えていなかったのです。

　私にとっての銀行や保険会社のイメージは、街を歩いていて大きなビルが建っていて「あっ、○○銀行だ」とか「○○生命だ」とすぐにわかるような

ものでした。とてつもなく大きな存在だったのです。「起業します」といって立ち上げられるというイメージはありませんでした。

そのときにすぐに思い出したのは、当時ハーバードビジネススクールで学んだ「新しいビジネスが生まれる3条件」でした。3条件は何かというと「大きな市場」「大きな非効率」「大きな変化」の三つです。

一つ目の「大きな市場」とは、みんなが使っている商材をねらえということです。つまり、一部のニッチの人ではなくて、より大きなマーケットで勝負しろ、ということです。

二つ目の「大きな非効率」は、みんながなんとなく変だなとか、うっとうしいとか、使いづらいとか、とにかく嫌だなと思っているようなところをねらえ、ということです。つまり、矛盾や無駄があるマーケットで勝負しろ、ということです。

最後の三つ目の「大きな変化」とは、規制改革、規制緩和や技術革新といった、そこに変化があり、非効率を取り除くことができるところをねらえ、ということです。

3．大手生保会社の高すぎる保険料

この三つの条件がそろうと大きなビジネスが生まれるのだ、ということをハーバードビジネススクールで学んでいました。私はこの3条件を生命保険業界に当てはめてみたのです。

保険業界は大きなマーケットです。皆さんもなんらかの保険に入っていると思いますが、当時、毎年支払われている保険料の総額は40兆円にものぼりました。

そしてこの保険料の内訳をみてみると、たとえば「30歳から10年間保険料が変わらず、途中で亡くなったらご家族に保険料が支払われます」という保険の保険料が10年間のトータルで74万円ほどでした。月割にすると6,000円強です。しかし、そのうち実際に亡くなった方に払い戻される部分は、4割ぐらいでした。つまり、6割が手数料に消えてしまっていたわけです。銀行や証券の手数料で60％も取られるものはないと思います。だいたい数パーセ

ントでしょう。でも保険料については60％の手数料が取られていたわけです。

　当時営業職員の離職率が非常に高いという問題もありました。半分の人が１年以内に辞めていました。参考までに、当時の東洋経済のアンケート内容を示しました（**図表１−16**）。

　現職の営業員に聞いたところ、いますぐ辞めたいという人が38.6％、近いうちに辞めたい人が18.4％、いつかは辞めるかもしれない人が31.4％でした。つまり９割の人が、辞めたいと思いながら保険を売っているのです。こういった構造的な問題があり、辞めるとまた雇って教育し直さなければいけないわけですから、結局それらの費用がすべて消費者のツケ回しになっていたのです。

　まさに先に述べた３条件です。大きなマーケットに大きな矛盾がある。当

図表１−16　現職営業員の意識と退職理由

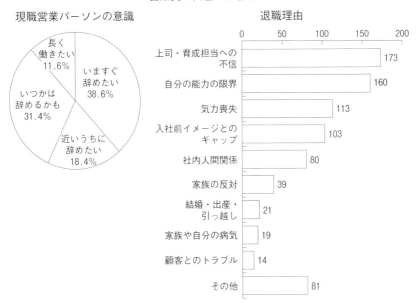

営業員の入替りは激しい

現職営業パーソンの意識

長く働きたい 11.6%
いますぐ辞めたい 38.6%
いつかは辞めるかも 31.4%
近いうちに辞めたい 18.4%

退職理由

上司・育成担当への不信	173
自分の能力の限界	160
気力喪失	113
入社前イメージとのギャップ	103
社内人間関係	80
家族の反対	39
結婚・出産・引っ越し	21
家族や自分の病気	19
顧客とのトラブル	14
その他	81

（出所）　東洋経済アンケート調査（2001−2007）より筆者作成

時は「フィンテック」という言葉はありませんでしたが、銀行や証券では「ネット金融」という大きな変化がありました。「三つそろったな」と思いました。

　ちなみにこの話はビジネスプランのプレゼンで何度もお話をするのですが、このプレゼンで132億円の資金調達をしています。いまはベンチャーへの資金供給の担い手がとても増えていて、50億円、100億円という規模の資金調達も珍しくないのですが、2006年当時ではベンチャー企業で100億円以上集めるという例はほとんどありませんでした。そのうえわれわれの場合は、まだ事業実態はなく、パワーポイントのプレゼンだけで資金を集めたので、そういう意味ではとても画期的だったのでしょう。

　また、ベテランと若手が組むというのも目を引きました。当時ベンチャー企業というと、若者がワイワイやっているというのが普通のイメージだったと思います。

　私は米国の起業の事例をみていて思ったことがあったのですが、実は結構シニアになってからの起業が多いのです。20代の起業家に比べて、ビジネスをたくさん経験していて、困ったときに助けてくれる人をたくさん知っています。やはり優れているところも多くあります。一方で、シニアになってしまうと劣っている点もたくさんあります。私もいま40代になったからわかるのですが、知りすぎているから心配しすぎてしまう、無謀な大きな夢を描きづらいという点はあると思います。

　日本に帰ってベンチャーをやるときには「ベテランと若者が組む」というスタイルがよい。「保険に詳しい人」と「保険を何も知らない人」や、「供給者目線でみることができる人」と「消費者目線でみることができる人」とが組むことで、いろいろな世代をつないだり、業界の違う人をつないだりすることができるのではないか、何か新しいことができるのではないか、と考えたのです。

4．社会が何を求めているか
――ヒト・モノ・カネは後からついてくる

2006年6月にビジネススクールを卒業し、日本に帰国後、雑居ビルで出口さんと二人で事業を始めました。当時私は30歳、出口さんが58歳でした。自分の父親とちょうど同じ年です。まったく何もないオフィスでしたので、パソコンの注文、LANケーブル、名刺の注文も全部自分でやりました。

どんな会社もヒト・モノ・カネでできているのですが、銀行や保険会社の場合はこれらに加えて免許が必要です。ちなみに証券会社は免許制ではなく登録制ですが、銀行や保険会社には免許が必要です。銀行や保険会社は先にお金を預かるからです。国民の多額のお金を長期にわたって預かり、後から国民にお返しする、という特徴がありますので、金融庁が認可した人しか銀行業や保険業をすることができないという規制をかけているのです。

ですから、生命保険会社の場合には、普通のベンチャーのようにすぐに事業を始めることができません。認可を取得するのがとても大変です。認可を取得するには100億円ぐらいの資本金を用意しなければならないといわれているのですが、一方で投資家も免許が出ないかもしれない会社にお金など出したくないわけです。でもお金がないと免許が取れません。

生命保険会社の設立は、損害保険会社の子会社であったり、外資系の保険会社の日本法人ぐらいであったりといった前例しかなく、本当に何もないところから生命保険会社をつくった例は1934年[6]までさかのぼるとのことでした。外資系や損保系を除けば、わが国には70年以上新しい生命保険会社がなかったということになります。

「フィンテックとアントレプレナーシップ」という文脈で述べさせていただきますと、やはり多くの人からは「生命保険会社をつくろう」という発想は出てこないと思います。これもMBAで学んだことなのですが「いま、自分が自由に使えるリソース、つまりヒト・モノ・カネから考えてはいけな

---

6 1934年6月、非営利の独占形態による、日本初の団体生命保険専門会社として、日本団体生命（後のアクサグループライフ生命）設立。なお、同年日本初の団体保険「普通団体定期保険」を販売開始。

い」ということです。もともと大企業にかかわる仕事をしていた人間なので少しわかるのですが、大企業の人の発想は「予算がいくらあるから何かやろう」であるとか「自社の顧客基盤を使って何をやろうか」であるとか「自社の技術を使って何か新しいことをやろう」であるといったように「自分たちに何ができるか」ということから物事を考えがちです。

でもベンチャー起業家の発想はそうではありません。自分に何ができるかという発想はいったん捨てて、「もし自分が何でもできるとしたら、何をやるだろうか」と、世の中が求めていることを、ひたすら考えるところから出発します。

それが、本当に世の中が必要としているものであれば、カネとヒトは自然に集まってきます。これは自分でも経験したので間違いありません。そして、カネとヒトがあればモノはつくれます。ベンチャー起業家精神の本質とは、自分がコントロールしている経営資源に縛られることなく、「社会が何を求めているか」ということから考えることにあると思います。そうすれば必ずヒト・モノ・カネは後からついてきます。

さて、起業するときには会社の名前やロゴを考えなければいけません。私たちは会社をつくる前からPRをやろうと考えました。普通、会社というのはできた後に広報していくのですが、お客様も巻き込んで会社をつくっていく過程を全部さらけだし、みんなに応援してもらうほうが時代にマッチしているのではないかな、と思い、最初から意識をしてPRをしていました。

まだ事業は何もスタートしていないのに、準備しているようすだけをニュースにしてもらい、メディアに取り上げてもらったのです。先にメディアに取り上げてもらえれば、事業が始まるときには、すでにお客様がなんとなくライフネット生命のことを知っていてくれている、という効果もあります。ただ、それ以上に大きかったのは、こういう記事をみて自分も一緒にやりたいと仲間がたくさん集まってきてくれたことです。

ベンチャービジネスの「ベンチャー」という言葉は、「アドベンチャー」から取っているらしいのですが、漫画「ワンピース」の世界の宝探しの旅みたいな感じで、次から次へと人が船に乗ってきます。みんなで航海に出ると

いう雰囲気ですので、どれだけ優れた仲間が集まってきているか、ということがある意味ではベンチャー企業のすべてなのです。

本章第2節にもマネーフォワード創業メンバーの瀧さんが書かれていますが、同社の創業者の辻庸介（代表取締役CEO）さんは、起業する前から存じ上げています。私が辻さんの事業は成功しそうだな、と思っていた理由があったのですが、やはり一緒に事業を立ち上げたときの仲間が素晴らしかった。

ビジネスモデルが成功するかわからないけれども「この人はいいメンバーを集めているな」と思ったことをいまでもよく覚えています。とにかくアントレプレナーシップの神髄というのは自分に何ができるかではなくて、世の中に何が必要とされているかを考え、そのために必要なことに向けて、お金と仲間を集めていくことです。とにかくいまは仲間が大事です。お金は、ある程度ファンドなどが出せるようになってきていますので、いい仲間をどれだけ集められるかということはとても大事なのです。

さて、ライフネット生命は、出口さんと初めて会ってから1年半が経過し、先ほど少し触れたとおり132億円の資金調達に成功しました。マネックス証券、三井物産、リクルート、セブンアンドアイ、新生銀行、日本政策投資銀行などの、いわば日本の大企業コンソーシアムといった様相で名だたる大企業から資金調達をすることができ、はじめは二人だったのがいつの間にか開業のときには仲間が40人になっていました。40人のなかには、若者もいればベテランもたくさんいて、保険の経験者だけではなく保険のことを何も知らないフレッシュな視点で考えられるような人たちもいました。

いろんな仲間がいたのですけれども、三人目のキーマンが中田華寿子さんです。彼女はもともとスターバックスの広報の責任者をしていました。そのあと英会話のGABAのマーケティング担当常務も経験していて、彼女がジョインするときに一つだけ条件があるといわれました。

「スターバックスもGABAも大好きな会社だったので、ロゴが緑の会社でしか働かないと決めているのです」というのが条件でした。当時まだロゴは発表していなかったのですが、実はたまたま緑にしようとしているときでし

て、これも何かのご縁ですね。本当に「知名度なし、予算なし、大手競合あり」という状況から奔走してくれた仲間たちが入ってくれたことがとても大きかったのです。

そして、ついに74年ぶりの独立系生保として免許を取得する日がやってきました。免許をもらいに行くその日、金融庁の前で出口さんが興奮してどんどん先に行ってしまうので後ろから一生懸命追いかけたのを覚えています。まだまだ若かった私ですが記者会見もやり、無事に2008年5月に保険会社として事業をスタートすることができました。

開業日の朝5時にホームページを開通して、最初に私が保険を申し込みました。いまでもライフネット生命のコールセンターで顧客管理システムを開けて加入した年月日で逆ソートをすると、一番上に「岩瀬大輔」の保険契約が出てくるはずです。

「タブーに挑むネット生保」といった見出しで新聞に取り上げていただいたりもしました。マスコミはわれわれのことをおおむね好意的に取り上げてくれたと思います。マスコミというのは世相を表すものですから、やはり社会の生命保険会社や生命保険業界に対する問題意識はとても大きかったのだなと感じました。

5．保険料の内訳の公開を決断

ここまではいろいろと大変なこともありましたがおおむね楽しくスタートできました。でも、やはりゼロから新しい保険会社を始めるのはそれほど簡単なことではありませんでした。もっと大変なことが待ち受けていました。

保険というのは10〜20年以上にわたる商品を売る商売なのですが、われわれは社歴が10年、20年もないどころか、まだ始まったばかりです。どうやって理解してもらい、信頼してもらうかということがとても大事でした。やはり金融の一つの特徴は、単純な経済合理性だけではお客様が動かないという点にあります。信頼しているブランドにならないと取引してもらえません。

いろんな広告などもやってみたのですが、まったく反響がなく毎日申込みが10件から20件しかないといった日々が続きました。他の手段として、保険

セミナーをやろうということになり、株主の三井物産に無理やり頼みこんで社員を集めてもらったのですが、社員の人たちも嫌々聞いているといった雰囲気でつらい思いをしました。

本当にまったく契約が伸びない日々が続きました。そうこうしていると、つい先日までちやほやしてくれたマスコミも、だんだん論調が変わってきまして、ライフネット生命は苦戦している、と書かれるようにもなりました。

ちょうど同時期にもう1社「SBIアクサ生命」という会社が、同じネット生保でスタートしていました。金融庁も1社だけ免許を出すということはあまりやらないようで、同じ業種を2社スタートさせるようにしたようです。後にSBIとアクサが分かれてSBI生命になるのですが、SBIの北尾さんが「あいつらに絶対負けるな」と檄を飛ばしていたそうです。

当時、ライフネット生命の保険料はいちばん安かったのですが、SBIアクサ生命も値下げを発表し、男性の保険料についてはライフネットよりも安くなるようにしてきました。正直申し上げまして、このときはとても慌てました。なぜかといいますと、ライフネット生命の最大の売りが「業界でいちばん安い」ということだったからです。いちばんのセールスポイントがなくなってしまうとしたら、お客様はもっと減ってしまうのではないかと心配をしたのです。

開業していきなり最大のピンチを迎えるのですが、当時社内でも激しい議論をしました。追いかけて値下げすべき、という意見もありました。一方で、そもそもお客様もほとんど来てないのだから別に最安にこだわらなくてもあまり変わらないのではないか、という意見もありました。こういったことを侃々諤々議論したのです。

ちなみに、皆さんが経営陣の立場だったらどうしますか。追いかけて値下げしますか、しませんか。値下げすべきだ、という意見ももちろんあるでしょう。でも、結果としてわれわれは値下げ競争には与しない道を選びました。

先ほど保険業界の手数料が高いという話をしました。あれは、実は業界では誰もが知っているけれども、外には絶対にいわないタブーでした。われわ

れは開業から半年経ったところで、保険料の内訳を全部開示することにした
のです。実はこれは出口さんが開業した当初から絶対にやりたいといってい
たことでした。これが、いま風にいいますと「バズり」ました。

　Yahooトピックスのトップ記事になり、メディアにも取り上げられ、ホー
ムページにアクセスが殺到し、お問合せも殺到するという事態になったので
す。さらに、会社としても１日24万ページビューというプレスリリースを出
したりして、広報活動でも話題をとるようにしました。

　当時のホームページへの書き込みで私の記憶に残っているものがありま
す。業界の関係者の書き込みなのですが以下のようなものです。

　「記事を読み衝撃を受けPCの前で一瞬手が止まりました。業界に携わる者
として出口社長の英断とその行動に賛同します。ライフネットさんからすれ
ば当然なのかもしれないですが、同じ行動をとれる保険会社はないと思いま
す。このような革新的な取組みに期待して応援しております」

　保険業界内からもこういった応援メールがありました。みんな何かおかし
いなという思いがあったのだと感じました。

　実はあまり知られていないのですが、社内のグループ保険、大企業のグ
ループ保険の保険料は実は正規の保険料よりもずっと安いのです。保険会社
の従業員は、自分たちは安い保険に入っておきながら、お客様には高い保険
を売りつける、ということを平気でやっているので、業界の人は保険料の設
定がおかしいことは、よくわかっていたのだと思います。

　写真週刊誌の週刊FLASHも「最大10年間で50万円違う」という記事にし
てくれたのですが、保険の中身はどちらも「亡くなったら3,000万円支払い
ます」ということだけで、本質的には何も変わりません。「大手の生命保険
会社は手厚いサービスがある」というのですが死亡保険であれば亡くなった
ら保険金を支払ってくれさえすればよいのであって、手厚いサービスなどと
いうものは最初から何もないはずなのです。

　業界の人はみんなわかっているけど、本当のことをいってはいけない、と
されていたことなのです。30歳の人が10年以内に亡くなったら3,000万支払
われる保険の場合、当時大手生命保険会社が月額7,000〜8,000円の保険料を

とっていたものなのですが、実際に保険金に充てられる部分はたったの2,700円だったのです。われわれの場合には同じ保険を手数料800円にして販売しますという話です。

この話がとても盛り上がったので、間髪入れずに、さまざまな施策を打ちました。ガラケーの時代ですが携帯電話で買えるようにしたり、お笑い芸人とコラボレーションをしたりしました。かたい生命保険に吉本興業の芸人を使うなどというのはありえないともいわれたのですが、こういうのも画期的だったと思います。オイシックスとのコラボであるとか、出口さんと一緒にどこにでも説明に行きます、という企画をしたりもしました。

あとはお客様を呼ぶ会も頻繁にやりました。ネット生保なのにリアルなイベントをやるのですか、などと不思議がられることもあったのですが、われわれはネット生保だからこそ人肌を大事にした活動を行ってきました。

出口さんは何でもやるからいってくれということで、いろんな人と対談してもらいました。「切り込み隊長」というブロガー、町の床屋さん、アイドル、プロレスラーなど、ありとあらゆるジャンルの方と対談してもらいました。出口さんが本当に何でもやるとおっしゃられて、オモシロ企画で「鳩が選んだ生命保険会社に入ろう」という企画までやってくれました。これも大反響で保険の申込みが殺到します。

一生懸命「当社の保険は安い」と謳ってCMをたくさん打ってもまったく消費者は反応しなかったのに、出口さんが少し可愛いおバカなことをやったらみんな保険に入ってくれるようになったのです。

結局、モノを買うというのは理屈ではなくて、好きだとか、応援したいとか、理念に共感するといったようなことがとても大事なのだなと感じました。経済合理性は大事ですけれども、経済合理性だけではないのです。そういった「共感のマーケティング」はとても大事なのだなと思いました。

もちろんPRで本を書きまくったり、論文を金融の専門誌に投稿したりといった真面目なこともしました。そうこうしているうちに、毎年ダイヤモンド社が発表する「保険のプロが選ぶ自分が本当に入りたい保険ランキング」でライフネット生命が1位になるところまできます。契約件数も一気に増

え、ついに2012年３月に東証マザーズに上場することになります。

６．最後に

　以上がライフネット生命の歴史の起業から数年間の本当に初期の話です。当時はフィンテックという言葉はありませんでしたし、ましてやインシュアテックという言葉もありませんでした。まだ携帯電話もガラケーの時代でスマホもない、フェイスブックやソーシャルメディアみたいなものもまったくない時代でした。いま考えると知らない強みで、若かったから何もわからないので楽しそうと思ってできたのかもしれません。

　起業といっても、実際には生々しい人と人との出会いがあったり、偶然の出会いがあったり、いろいろな人の想いがあったりしました。単に理屈だけではなく、少しおバカなマーケティングをしたら、お客様が振り向いてくれたりすることもあります。本当にとても生々しい起業の経験をさせていただきました。

　ぜひ、この本を読んでいただいた方のなかから、フィンテック・ベンチャーに携わり、現状の矛盾を正し、社会を変えてくれる人が出てくれば、とてもうれしく思います。

第 2 章

ビヨンド・フィンテック時代の貨幣と決済

ビヨンド・フィンテック時代の貨幣と決済を
考える前に

立教大学／公認会計士・税理士　前田順一郎

　前章では、マネーフォワードの瀧さんに、そもそもフィンテックとは何か、金融の六つの機能、銀行APIやオープンバンキングなど最近の動向について説明をしていただきました。FINOLABの柴田さんには銀行のIT化の歴史から昨今のフィンテック企業との共創について、さらにKPMGコンサルティングの東海林さんには海外のフィンテックの動向について、事例をご紹介いただきました。金融業が伝統的な金融機関だけのものではなく、非金融の新しいプレイヤーの出現によって、大きく変わろうとしている状況をご理解いただけたのではないかと思います。

　世界的にみてフィンテックが社会を最も大きく変えた分野はいまのところ「決済」でしょう。実はわが国の場合には、決済という分野では他国に先駆けてIT化が進んでいます。

　一つには、わが国は鉄道が発達した社会であったことからSuicaをはじめとした鉄道系の電子マネーが一気に普及したという事情もありました。また、ソニーが開発した非接触型カードシステムFelicaを用いたEdyなどのサービスは2000年代初めから利用されてきました。

　SuicaやEdyはNFC（Near Field Communication）規格と呼ばれ、カードをかざすだけで決済が完結します。しかし、その圧倒的な便利さにもかかわらず世界中に普及することはありませんでした。そのかわりに全世界で普及したのがQRコード決済方式です。前章で東海林さんにも説明していただいたとおり、中国ではアリペイやWeChatペイと呼ばれているサービスが、またケニアなどアフリカ諸国では携帯電話に紐付いたM-PESAが普及し、社会システムを根本から変えていきました。

では、なぜ日本の技術が世界を凌駕することにつながらなかったのでしょうか。考えてみればQRコードという技術自体はもともと日本のデンソーが工場管理のために開発したものです。また、東海林さんにご紹介いただいたインドのアドハー（Aadhaar）プログラムに関しても生態認証システムの技術を日本のNECが提供しています。世界のフィンテックに活用されている基礎的な技術については日本企業が提供しているにもかかわらず、一般に日本がフィンテック先進国だと考えられてはいません。この「日本のフィンテック・パラドックス」ともいうべき状況がなぜ起こってしまったのでしょうか。

　そこで考えるべきビジネスモデルとしての決済です。決済ビジネスはそれ自体が儲かるものではありません。民間部門が電子マネーのサービスを提供する際には必ずどこでマネタイズ（収益化）するのかを考えなければなりません。

　現在、多くのQRコード決済方式のサービスがねらっているのは、個人の決済とそれに関連する取引に係るビッグデータです。ビッグデータを活用して、決済以外の部分で利益をあげることを企図しています。しかし、SuicaやEdyはそういったものとは入り口がまったく異なるものでした。

　Suicaはもともと鉄道系の電子マネーです。かつては鉄道に乗るときに、切符を窓口で購入し、駅員さんがその切符にはさみを入れたり回収したりしていました。やがて自動券売機が普及し、1990年代になると自動改札も整備されました。その後、2000年に磁気式のプリペイドカードSuicaが導入されることになります。実はこの過程で一貫しているのは、鉄道会社のコスト削減という観点です。もちろん利用者の利便性の向上という観点も同時にあるわけですが、それ以上に駅員の人件費削減や切符の廃止によるコスト削減効果が期待されていたのです。

　Suicaはそもそもこういった経緯がありますので、鉄道会社としても他業種での利用に熱心ではありませんでした。鉄道会社はあくまで鉄道事業が本業であり規制業種でもあります。コストに見合った設定がなされた運賃が利益の源泉ですし、運賃には規制がありますので、あまり儲けすぎてもいけな

いわけです。つまり、Suicaで儲けようとか金融業で儲けようという発想を
もってはいけない会社だったのです。

　一方、EdyはもともとソニーやNTTドコモ、トヨタ自動車などの日本を
代表する名だたる企業群と大手銀行が共同でつくったものです。カード技術
自体はソニーが開発したFelicaというシステムが使われています。

　Felicaは導入する業者の設置費用により利益をあげることを期待したビジ
ネスモデルでした。小売業が顧客の利便性を高め、集客効果をねらうことを
前提としたものでした。しかし、この試みはうまくいきません。毎年赤字を
計上し続け2009年には380億円の累積損失を計上します。Edyの発行枚数自
体は相応の伸びを示しましたが、財務的な問題が足かせとなり、爆発的な普
及とまではいきませんでした。結局、楽天がEdyを買収し、現在は楽天Edy
として運営されています。

　Edyが日本の名だたる大企業や大手銀行の出資を得ながら必ずしも経営が
うまくいかなかった理由としては、どこでマネタイズするのかが明確ではな
かったことが指摘できるのではないかと思います。導入する設置企業側に
とっても、お金を払ってまでEdyを設置することに大きな魅力を感じなかっ
たのだと考えられます。

　Edyを活用した際の決済情報はもちろん貴重なビッグデータです。これを
活用できれば大きな価値をもちますが、もとより個人情報を活用しようと
いったことは意図されていません。結果として戦略的なプロモーション戦略
も大胆には行うことができませんでした。

　また、わが国の電子マネーがそれほど急激に普及しなかった全般的な理由
としては以下のような事情により消費者が大きな不便を感じていなかったこ
とが指摘できるでしょう。

① 　わが国においては治安のよさもあり現金を持ち歩いてもそれほど危険
　　ではないこと
② 　コンビニ等でのATM設置というかたちでの利便性向上が進んだこと
③ 　多くの人がクレジットカードないしは銀行口座（デビットカード）を
　　保有しそれらで決済可能であったこと

大きな不便を感じていないので、むしろこの店舗でEdyが使えるかどう
か、ということをいちいち気にするほうがめんどうだと考える人が多かった
のだと考えられます。

　しかし、そんな状況もここにきて大きく変わろうとしており、わが国でも
一気にキャッシュレス化が進もうとしています。また、暗号資産についても
着実に普及しつつあります。

　本章では貨幣と決済について考えたいと思います。最初に元日本銀行で実
際に決済システムの業務に関与されました明治大学の小早川周司先生に全銀
システム改革など貨幣と決済に関する議論を説明していただきます。あずさ
監査法人の保木健次さんに昨今の金融庁のフィンテック関連規制を概括した
うえで、暗号資産と規制の問題、暗号資産の未来について語っていただきま
す。そして、G.U. Technologiesの稲葉大明さんには暗号資産の前提となる
ブロックチェーンの技術について解説していただきます。また、本章の最終
節（本章第5節）では、明治大学の飯田泰之先生、駒澤大学の井上智洋先
生、前田で行ったフィンテック時代の通貨について経済学的に考察する鼎談
を収録しています。

　読み進んでいただく際には、ぜひ、決済や暗号資産といった分野に民間企
業が関与する場合にはその企業がどのように利益を得られるのか、どのよう
にマネタイズするのかという視点を忘れないようにしながら、この問題を考
えていただきたいと思います。

フィンテック時代の貨幣と決済

明治大学　小早川周司

　本節では筆者が日本銀行に勤めていた時代からかかわってきた全銀システム改革の議論を中心に、中央銀行デジタル通貨を含むフィンテック時代の貨幣と決済について俯瞰してまいります。

　ただ、いきなり電子マネーとかデジタル通貨という話をしても混乱すると思いますので、まずは貨幣とは何なのか、どういう成立ちで現在に至っているのか、その歴史を振り返りながら、現在どういう議論がなされているのか、今後貨幣がどのようなものになっていく可能性があるかについて考えていくことができればと思っています。

1．貨幣の歴史

　貨幣は、人類の発明で最も現代社会に貢献しているものの一つであると思います。では、貨幣はずっと昔から1万円札とか500円玉といったような形態で使われていたのかというと、そうではありません。人類の歴史を紐解くと、最初はそれが牛であったりお米などの穀物が貨幣として使われていました。そういったものが、人々が生活をするために交換されていたといわれており、このような形態の貨幣は「物品貨幣」と呼ばれています。

　ところが、買い物に牛を毎回連れていかないといけないというのではなかなか大変ですし、穀物ですと虫がついたり腐ったりしてしまうわけです。そこで、牛や穀物ではなく、金や銀などの金属を型に入れて固めてあげればよいのではないかという話が出てきます。これが「鋳造貨幣」と呼ばれるものです。

　紀元前5世紀頃、古代ギリシャにテトラ・ドラクマという貨幣が登場しま

すが、この貨幣には女神の横顔であったり、知性の象徴であるフクロウの絵が描かれていたりしました。鋳造貨幣は、運びやすいし腐らないし、とても使い勝手がよいということで普及します。キャッシュレス化で使われる機会が減ってきているとはいえ、日本でも500円玉、100円玉といった鋳造貨幣がありますし、世界各国でも鋳造貨幣はしっかりと使われています。

一方で、シルクロードをイタリアから東洋まで貿易のために旅をするには金属はやっぱり重い。金属をじゃらじゃらもっていくのは大変だし、ロバも疲れてしまいます。追いはぎにあったりすることもあったでしょう。長い道のりを歩くには鋳造貨幣には課題があります。そこで、何とかいい方法がないかと考えたときに、第三者で信用ができる人に硬貨を預けておいたらよいではないか、という話が出てきます。その預り証を紙幣として使えばよいではないか、そうすればじゃらじゃらともっていく必要もないし、ロバも疲れないし、追いはぎにあうこともないだろう、という発想です。これが「信用貨幣」といわれるものです。

当時の信用貨幣はいまの紙幣とは少し性質が違うものでした。現在、わが国でも使われているような1万円札や5,000円札といった紙幣は「不換紙幣」と呼ばれています。その意味は、皆さんが1万円札を握って日本橋にある日本銀行に行って、この紙幣と同価値の金や銀に換えてください、といっても日本銀行は対応してくれません。いま、われわれが使っている紙幣は金属の裏付けがあるものではないのです。日本銀行の信用力があるからみんなは紙幣を使うといった側面があると同時に、いまその紙幣を保有しておけば将来何か欲しいものがあったときに相手が受け取ってくれるはずで、それによりモノを購入することができると、みんなが信じているから紙幣が価値をもっているということができるでしょう。

紙幣は最初から不換紙幣だったわけではありません。最初は金や銀などと交換できることを約束することで価値を保っていました。これがいわゆる「兌換紙幣」です。日本も以前は金本位制でした。日本銀行券を日本銀行にもっていくと金貨に換えてくれたのです。

日本銀行券の価値は日本銀行の信用力というよりはむしろ、その裏にある

金の価値に裏付けられていたのです。それが社会の成熟に伴って、現在の不換紙幣に至っています。不換紙幣は広く社会に流通しているため、そう簡単にはなくならないだろうと、一般には考えられています。

　皆さんもご存知のとおり、2024年度からはわが国においても新しい紙幣が発行されることになっており、渋沢栄一さん（1万円札）、津田梅子さん（5,000円札）、北里柴三郎さん（1,000円札）が新しい日本銀行券の表紙を飾る予定ですが、これはまさに政府・日本銀行の紙幣へのコミットメントを示すものであるといえるでしょう。

２．世界で進むキャッシュレス化

　このように、不換紙幣はすぐになくなることはないだろう、と考えられてはいますが、そうはいってもコロナ禍の影響もあり、スマホを使った決済サービスが浸透しているのも事実です。PayPayやLINE PayといったQRコードを活用した決済サービスも広まってきています。日本もキャッシュレス化を進めようという政府の取組みもトリガーとなってわが国でもキャッシュレス決済サービスが普及しつつあります。

　主要国のキャッシュレス決済比率は50％前後なのですが、日本は他の国々と比べればまだ低い水準です。お隣の韓国は政府の肝入りでクレジットカード社会になっており、ほぼ100％キャッシュレス決済になっています。中国はアリペイやウィーチャットペイといった決済手段がキャッシュレス化の推進に大きな役割を果たしました。その結果、中国のキャッシュレス決済は日本よりもはるかに進んでいます（**図表２－１**）。

　現在は、中国政府が一部の大手IT企業への統制を強めているとの報道もみられますが、そうしたなかで、中国政府はデジタル人民元の導入を進めています。

　唯一主要国のなかでキャッシュレス決済比率が日本よりも低いのがドイツです。ドイツのキャッシュレス決済の比率が低いのは、ドイツ人がプライバシーの問題にとてもセンシティブになりがちな特徴があるのではないかといわれています。キャッシュレス決済では取引の証跡（ログ）が残ってしまう

図表2−1　キャッシュレス決済の国際比較（2018年）

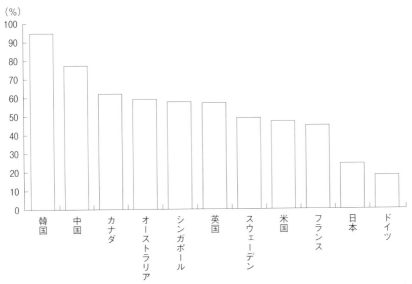

（出所）　一般社団法人キャッシュレス推進協議会「キャッシュレス・ロードマップ2021」
　　　　2021年3月

　ことから、この利用に対して慎重になるという国民性があるのかもしれません。

　欧州中央銀行（ECB）がデジタルユーロに関するプロジェクトを開始したのですが、それに先立ってアンケート調査を実施したところ、設計上の留意点として、ドイツ人の多くがプライバシーへの配慮をあげたことが明らかになりました。やはりそういった国民性があるのではないかと思います。また、ドイツに限らず日本においてもフィンテック時代の貨幣というものを考えたときにプライバシーの問題は避けて通ることができないでしょう。今後、デジタル社会における情報の利活用とプライバシーへの配慮のバランスをどのようにとっていくかについて議論を深めていく必要があります。

3．わが国のキャッシュレス化の現状と中銀デジタル通貨の議論

　ご案内のとおり、政府は未来投資戦略のなかでキャッシュレス決済比率を

KPIとして明確に位置づけており、2025年には40%にするという目標を掲げています。このように政府が具体的な目標を掲げることはきわめて重要なことでありますが、40%に達しても主要国のなかでは引き続き低いほうであり、中国や韓国のレベルには達しないということはしっかりと認識しておかなければなりません。ですから、この目標は現時点ではやや物足りないかもしれません。未来投資戦略のさらに先のキャッシュレス決済のあり方を考えていかなければならない時期に来ているのではないかと思います。

さて、なかなか日本でキャッシュレス決済が進まないのは、なぜなのでしょうか。いくつか要因があると思いますが、いわゆる世代間の格差というものがあることは否めないでしょう。

かつて日本銀行が調査をしたことがあるのですが、普段どういうキャッシュレス決済を使っているか年代ごとにアンケート調査をしたところ、やはり70代以上の高齢者の約半数が電子マネーもデビットカードもクレジットカードも何も使っていないという回答となっています（**図表２－２**）。

この調査自体は少し古いのですが、高齢者にとっては新しい決済手段をどういうふうに使っていいのかわからないとか、あるいは間違って使ってしま

図表２－２　年齢別にみたキャッシュレス決済の利用状況

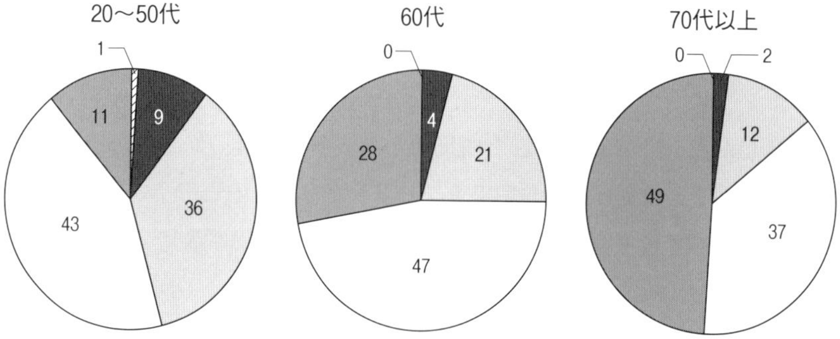
20～50代
1
9
11
36
43
60代
0
4
21
28
47
70代以上
0
2
12
49
37
4つすべて
いずれか3つ
いずれか2つ
いずれか1つ
いずれも利用しない

（注）「４つ」には、電子マネー、デビットカード、クレジットカードのほか、プリペイドカードが含まれる。

（出所）　日本銀行「キャッシュレス決済の現状」決済システムレポート別冊シリーズ、2018年９月

うという不安（たとえば、100円払うつもりが1万円を押してしまったりするのではないかというような不安）であるとか、慣れていないものへのためらいといったようなものがあるのではないかと思います。

　わが国の場合には高齢化社会が進むなかで、高齢者にキャッシュレス決済の利用がなかなか広がらないという部分がハードルになっているのではないかと考えられます。将来的にはこういった問題は自然に解決されていくのかもしれませんが、少なくとも現段階においてキャッシュレス決済が進まない要因として高齢者のキャッシュレス決済手段への親近感がないという要因はあげられるのではないかと思います。

　もう一つは地域別の格差が大きいという点です。こちらについても日本銀行が調査を行っていますが、首都圏や大阪圏などはキャッシュレス決済を使う人たちが多いのに対し、大都市圏以外ではキャッシュレス決済を使う人が少なくなっています。

　大都市圏に関しては、やはり普段からこうした決済手段を使って電車を利用するので、自然にSuicaやPASMOなどの交通系カードを使うわけです。チャージがめんどうだからモバイルSuicaを使ってみようとか、どうせSuicaをもっているのだからコンビニでも使ってみようとか、日々の動線のなかでキャッシュレス決済が根づいてきているということは指摘できると思います。

　一方、地方では日々の生活でキャッシュレス決済を使う局面が大都市圏よりも少ない傾向にあることは指摘できるでしょう。この点は地方においてキャッシュレス決済を進めるためのハードルになっている可能性はあります。地方では、たとえばイオンが発行しているWAONのように、ショッピングモールでの利用といった普段の消費行動のなかで使うことができるキャッシュレス決済手段も存在しているわけで、今後は流通系電子マネーの広がりをきっかけとしてキャッシュレス決済が普及していくことも考えられます。

　この先、わが国のキャッシュレス決済はどうなっていくのでしょうか。もちろん未来のことはわからないのですが、わが国の特徴としてNFC（Near

Field Communication）というものにわれわれは慣れている、という傾向はあると思います。

　SuicaやPASMOですと、スマートフォンやカードをかざせばピッと音が鳴って瞬時に決済が終わります。こうした利便性の高いサービスの浸透がカギを握る可能性があります。中国でキャッシュレス決済が進んでいるといっても基本的にはQRコード決済です。QRコード決済ですと、スマートフォンでバーコードを読み取ったり、金額を入力したり、承認したり、といったように、三つほどのステップがあります。NFCのほうが決済手段としては便利でしょう。わが国のキャッシュレス決済の未来を考えたときに、このNFCをどのように活用していくのか、ということが一つのポイントになってくるのではないかと思います。

　もう一つのポイントは生体認証です。ご存知のとおり中国では生体認証はさまざまな場面で使われています。先ほど指摘したようにプライバシーの問題はどうなのだろうか、といった疑問もあるのですが、やはり中国においては利便性の高いものがどんどん追求されており、そのあたりはスピード感があります。生体認証は中国だけの話ではなく、米国でもAMAZON GOの利用が広がっています。お店に行ってサンドイッチを手に取り、そのまま店を出れば自動的に決済がなされている、といったサービスが実際に可能になっているわけです。われわれはすでにそういった世界に足を踏み入れています。わが国においても無人店舗やキャッシャーレスといったサービスも出始めてきていますが、生体認証についてはプライバシーに配慮しつつ、さらに活用することができるのではないかと思います。

　未来のキャッシュレス決済を考えるうえで、とても大きな課題として中銀デジタル通貨の議論があります。

　いま、世界中の中央銀行が中央銀行デジタル通貨（Central Bank Digital Currency, CBDC）の取組みを積極的に進めています。日本銀行も2020（令和2）年10月には「中央銀行デジタル通貨に関する日本銀行の取り組み方針」というペーパーを出しており、2021（令和3）年4月からは概念実証（Proof of Concept, PoC）を始めています。PoCは複数年にまたがって行われ、2021

（令和3）年度はPoCフェーズ1、2022（令和4）年度はPoCフェーズ2、その後は必要に応じてパイロット実験の実施を検討することになっています。パイロット実験では一般の人々を対象に実際にデジタル通貨を発行し、使い勝手がどうか、何か問題がないかについて検証していくことになりそうです。

中国では2022年2月に北京で開催された冬季オリンピックや、北京・上海・深圳といった大都市でデジタル人民元をパイロット的に発行する取組みがみられました。北京冬季オリンピックの際に中国を訪れた外国人選手団がデジタル通貨を利用することができるような環境が整備されました。ほかにもカンボジア、中米カリブ海のバハマ諸島は2020年10月にCBDCと同等の機能をもつアプリやCBDCを実際に発行しています。新興国を中心にCBDCを発行するケースが少しずつ増えてきており、主要国でも発行に向けた取組みが積極化しているというのが現状です。

4．わが国の決済システム

ここまで貨幣の話をしてきました。貨幣は、さまざまにかたちを変えて現在に至っています。そして、キャッシュレス化の進展のなかで、中央銀行もデジタル通貨を発行しようというプロジェクトが各国で進んでいます。こういったなかで未来の決済システムはどうあるべきでしょうか。

私も何か明確な答えをもっているわけではないのですが、決済というのは、われわれの経済活動を支えるうえで最も重要な基盤です。決済がうまくいかなければ経済活動はうまく廻りません。

たとえば、コンビニに行って飲み物を買うとします。このとき、レジで100円玉を渡すことは、典型的な決済ですが、仮にその100円玉に信用力がなかったら、この100円玉は偽物なのではないかとみんな疑念をもって受取りを拒否されるような状況だったら、決済が成り立たないわけです。こういった貨幣の信用をどのように支えるかということは中央銀行にとっては常に大きな課題になります。

いまは物理的な貨幣の例を出しましたが、それ以外にも預金口座を通じて

の決済もさまざまなところで行われています。決済額として大きいのはこの預金口座を通じての決済ですので、ここではまず現在わが国で預金口座の決済がどのようになされているのかについて簡単に説明するところから始めましょう。

　皆さんは日々、お店で買い物をしていると思います。皆さんは買い手、お店は売り手になります。ここでは皆さんの預金口座からお店の預金口座に送金をしたとしましょう。その場合、実際にはお金はどのように動くのでしょうか（**図表2－3**）。

　話を単純化するために、二人が送金をしたとします。一人は銀行Aに預金口座を保有しており、お店の銀行Bの預金口座に5,000円送金したとします。もう一人は、逆に銀行Bに預金口座を保有しており、お店の銀行Aの預金口座に7,000円送金したとします。

　それぞれの取引は全銀システムという決済システムのなかで、為替通知と呼ばれる手続がなされ、送金の情報が相手銀行に伝えられます。

図表2－3　決済とは、どのように行われるのか？

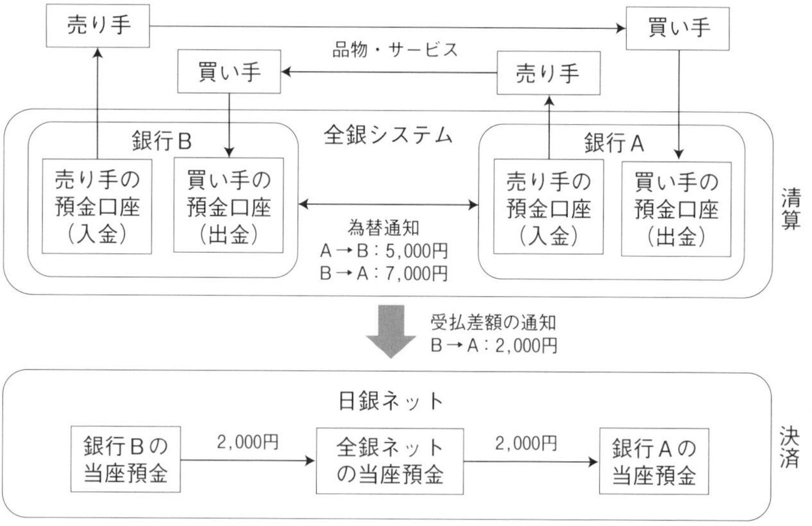

（出所）　筆者作成

いまは２件の例でしたが、実際にはこういった取引は１日朝８時30分から午後３時30分まで、１日平均約710万件を処理しています。現在のコンピュータの処理能力を考えると、これを１件ずつ処理をしていくことも技術的には可能なのですが、実務的にはネッティング（相殺）を行います。

　先ほどの例で示すと、Ａ→Ｂ：5,000円とＢ→Ａ：7,000円をネッティングすると、Ｂ→Ａ：2,000円だけですむことになります。毎営業日こうした銀行間でのネットの金額（純額）をやりとりするのです。

　実際には他の銀行も含めて、すべての銀行でこのネッティングの計算をします。これを専門用語で「清算」といいます。清算すると、銀行ごとにいわゆる「勝ち負けポジション」がはっきりします。ネットの受取額が多い銀行を「勝ち」逆にネットの支払いが多い銀行を「負け」と呼びます。この１日の清算結果を日本銀行が管理している日銀ネットというシステムに送るのです。

　それぞれの銀行は日本銀行に当座預金という口座をもっています。全銀システムから送られてきた結果を基礎に、この当座預金口座の残高を振り替えることで最終的に決済がなされます。

　こういった清算、決済の流れは皆さんにはまったくみえないものですが、皆さんが銀行で振り込んだりデビットカードを使ったりした際には、裏ではこのような処理がなされているのです。

　この流れをもう少し鳥瞰的に図にしたものが**図表２－４**になります。

　全銀システムに入る前段階で一番左側にいろいろな取引を書いています。デビットカード・クレジットカード・ATM取引・Bank Payの取引、こういった取引はすべてクリアリングセンターでデータ処理され、全銀システムに取り込まれることになります。この結果に基づいて日銀ネットで最終的な決済がなされるのは先ほど説明したとおりです。

５．全銀システム改革の進展

　以上みてきたような全銀システムと日銀ネットによる決済システムは、一つの確立された世界ではあるのですが、この世界観はこれからのフィンテッ

図表2-4 わが国の決済システム（全体像）

（出所）全国銀行資金決済ネットワーク「全銀ネット有識者会議：事務局説明資料」2020年1月

クの時代に通用するのか、ということを考えたときに、少し物足りないものがないか、という問題意識が出始めています。

いま、全銀システムには基本的には銀行しか参加することはできません。もともと全銀システムは1973年に全国銀行データ通信システムというシステムが初めて稼働したところに始まります。稼働開始以降、運用時間中に取引を一度も停止したことがない高い安全性を有しており、国内のほぼすべての銀行が参加する広範なネットワークになっています。全銀システム自体も高度化を進めてきており、2018年には24時間365日稼働も実現しています。

全銀システムは、その歴史的経緯から基本的に参加できるのは銀行だけであると考えられてきました。ただ、資金決済の領域に新しいプレイヤーが次々と参入してきました。PayPayやLINE Payなどがその例です。では、新しいプレイヤーに全銀システムは開放されているのかというと、そうではないわけです。それがこれからのフィンテックの時代にふさわしいインフラなのか、という観点で議論が進められています。それがいわゆる「全銀システム改革」と呼ばれているものです（図表2－5）。

2020年には全国銀行資金決済ネットワークが「次世代資金決済システムに関する検討タスクフォース」を立ち上げました。ここで、新しい全銀システムのあり方を議論しよう、ということになったわけです。このタスクフォースにはメガバンクや地銀などのほか、フィンテック協会、ITベンダー（NTTデータ、富士通、日立など）も参加しています。フィンテック協会からは、決済に関する新しいニーズを紹介してもらい、ITベンダーからは、たとえばブロックチェーンといった新しい技術について資金決済への応用という観点から論点を提示されたりもしました。いままでにない多様なメンバー構成により本タスクフォースの議論が進んでいます。

タスクフォースにおける議論は2021年1月に報告書として公表されました。報告書のポイントは二つです。

一つは、新しいプレイヤー（「資金移動業者」と呼ばれます）の全銀システム参加を認めることになったことです。これは銀行を含む多様な参加者の総意でまとめられたものです。2022年度をメドに、加盟銀行と同一条件での資

図表2-5　プラットフォームとしての全銀システム

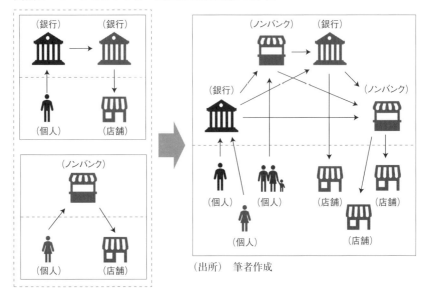

（出所）　筆者作成

金移動業者の参加を認めることになったのです。すでに詳細な議論が開始されています。

　また、参加形態としても、銀行と同じ立場で参加できるように、代行決済委託者、清算参加者としての参加を認めるなど多様な参加形態を認めることになりました。また、APIを活用した接続方法を検討していくこととされています。具体的な接続方法はITベンダーからの提案をふまえて決定されていくことになる見込みです。

　もう一つのポイントは多頻度小口決済の利便性向上です。これは、デジタル社会のニーズに応える観点です。全銀システムそのものを見直すこともできるかもしれませんが、ややスピード感に欠けるかもしれないことから、都銀5行が中心となって既存のシステムを組み合わせることで、2022年度の早期の実現を目指そうということになりました。これが「ことら送金」と呼ばれているものです。

　寅年に実現しようということで「ことら」と名付けられているのですが、

それだけスピード感をもって実現しようということになっています。

　「ことら送金」が目指す方向性というのは、マイクロペイメントを想像していただけたらと思います。楽曲を1曲買うのに10円かかるとして、この決済をするのに手数料が62円かかるとなると、割高だということになるでしょう。こういった小口の決済にも対応できるようなインフラをつくっていく必要がある、ということになります。具体的にはJ-Debitという基盤を活用していくことになるのですが、実現に向けての詰めの作業が続けられています。

6．全銀システム開放の必要性

　さて、なぜ全銀システムを銀行以外の資金移動業者にも開放していかなければならないのでしょうか。経済学ではネットワークの外部性という言葉があります。現状においては全銀システムに参加できるのは基本的には銀行だけです。一方で、銀行以外のノンバンクは別のエコシステムのなかで取引が処理されています。たとえばPayPayであればPayPay独自のシステムがあり全銀システムにはつながっていません。

　もちろん、個人の銀行口座からPayPayにチャージできたり、PayPayが使われれば使ったお店の銀行口座にはお金が支払われたりするわけです。ただ、銀行の世界、ノンバンクの世界の両者は基本的にはそれぞれ独立したエコシステムで動いています。

　これがある意味でユーザーの利便性を阻害しているといわれてきました。たとえば、飲み会で割り勘をしましょう、というときに、ある人はPayPayを使っている、他の人はメルペイを使っているとすると、PayPayからメルペイには直接支払うことはできません。参加している人がみんなPayPayを使っていないと、割り勘がうまくいかない、という事態に陥ります。であれば仕方がないから現金で支払おう、ということになってしまいます。

　キャッシュレスサービスの林立に伴うインターオペラビリティ（相互運用性）の欠如をどうやって解決するのか、ということを考えたときに、一つの解としてノンバンクにも全銀システムに参加していただこう、という話が出

てきたのです。

　ここにPayPayやメルペイも参加するということになると、PayPayとメルペイの間での支払いも可能になりますし、同じ基盤内で預金口座との取引もシームレスに行われるようになるわけです。こういう意味でネットワークの外部性をフルに活かせるようになるのではないか、と考えられているのです。

　もう一つ、銀行にとってのメリットです。全銀システムをノンバンクにも開放すると、銀行にとっては損になるのではないか、という議論もありました。ただ、ここで気をつけなければならないのは、全銀システムに銀行だけが参加していたときは銀行間の取引しかなかったわけですが、ノンバンクが入ってくれば、銀行とノンバンクの取引も全銀システムを通じて行われるようになるということです。このような利用者の目線で考えれば取引の機会が広がっていくことになります。もちろん、短期的にはこれにより銀行とノンバンクの競争によって手数料が下がっていくかもしれませんが、それを上回るパイが広がる効果があるのであれば、長期的にはネットワークの外部性をフルに活かすことによって銀行にとっても大きなメリットがあるといえるでしょう。これにより、デジタル社会の利用者のニーズを満たしていくこともできるでしょう。

　最後に、モノの流れとお金の流れの融合という観点があります。証券の世界でDVP（Delivery Versus Payment）という言葉があります。たとえば日本政府が発行する国債の受渡しに関しては、日銀ネットを通じて国債の売り手から買い手への引渡しと、その代金の流れがすべて紐づけられています。国債だけ動いてお金が動かないことはありません。必ず両者が同時に動くようになっています。これをDVP決済といいます。

　デジタル化がどんどん進んでいくと、こういったことは国債などの証券に限られず、今後さまざまなモノの流れとお金の流れが紐づいていくだろうと考えられます。お金に付加機能をつけるという意味で「プログラマブル」なお金と呼ばれています。

　では、そういった世の中の動きに全銀システムはどのように答えていくこ

とができるか、ということも考えなければなりません。このあたりはこれから先の議論なのですが、こういった課題認識のもとに資金決済のあり方を考えていかなければなりません。

　ここまで、全銀システムの改革について説明してきましたが、実はこのような大口の資金を扱うシステムにマイクロペイメントを扱うノンバンクも参加を認めていこうという取組みは世界を見渡しても例がない、先駆的な取組みであるといえます。米国でも欧州でも実現していないものです。

　日本はフィンテックの分野では後れをとっているとみられがちですが、実は決してそんなことはありません。全銀システムの改革は、金融インフラの新しいあり方を世界に示していく絶好の機会になるのではないかと思います。

　いかに効率的に資金を回していくか、という面と、そうはいっても安全性は大切だ、という面と両面あることは、常に念頭に置いておかなければなりません。どれだけ便利な決済手段があっても、翌日起きたら自分のお金がすべてなくなってしまっていたというような事態は許されません。

　われわれは暗号資産取引といった新しい金融サービスが出てきたときに、不正送金等の事件に直面してきたわけですが、銀行のサービスはそういうことは起きえません。きわめて安全なサービスをこれまで提供してきたのです。銀行が築き上げてきた、そういったトラスト（信任）といったようなものも最大限に活かしていかなければならないのも事実です。

　資金決済の分野は、利便性と安全性という二つの相反するトレードオフが成り立ちやすいものですが、さまざまなニーズを満たすためにいろいろなサービスが出現してきている状況でもあります。銀行だけでなく、○○ペイと呼ばれるような手段もしかりですし、中銀デジタル通貨の取組みも、ある意味で利便性と安全性の両方を追求するものでもあります。いずれにせよ、デジタル社会にふさわしい資金決済システムの構築を目指して、われわれは複雑な方程式を解いていく必要があります。

フィンテックおよび暗号資産に関する規制の動向
——暗号資産は未来の通貨になりうるか

あずさ監査法人　保木　健次

　本節ではフィンテックに関する規制を概括したうえで、暗号資産に係る国内を中心とする最新の規制動向を押さえるとともに、暗号資産と「通貨」について議論を進めていきます。

　まず、規制の改正や導入には必ず目的があります。外部環境等なんらかの変化があったから規制が変わるわけです。法律は国会を通さなければ改正や導入はできません。国会を通す以上説明のつく理由が必要となります。

　何か変化や問題が生じ、現行の法律では対応できないことが明らかになって、ようやく法改正がなされます。

　法改正は、役所の好き勝手にできるわけではなく、一般的に有識者や専門家が審議会で議論し、その報告書に基づいて法改正案を国会に提出するというプロセスになります。

　したがって、規制は外部環境の変化に対して追随することになります。外部環境が先に変わり、ビジネスのやり方が変わるなかで、既存の規制では不都合が生じたときにはじめて規制が変わります。

1．フィンテック関連規制の動向

　最初にわが国のフィンテック関連規制の動向についてまとめます。2017年頃からフィンテックに関連する規制の法改正が毎年のように行われています（図表2－6）。

　2017年には銀行の出資制限規制が緩和されました。背景には、銀行以外のフィンテック・プレイヤーがIT技術を駆使して銀行業務の一部を登録等の軽い規制のもとで利便性の高いサービスを提供し顧客の支持を集めていたこ

図表2－6　デジタル化の進展に対応する金融法制度の動向

施行年	改正法令	改正概要
2017年	改正銀行法・資金決済法等の施行	・銀行の出資制限の緩和（銀行業高度化等会社の子会社化が可能に） ・仮想通貨交換業者に対する規制導入
2018年	改正銀行法等の施行	・電子決済等代行業者に対する規制導入
2019年	改正犯収法施行規則の施行	・eKYCに係る規制導入
2019年	改正銀行法施行規則の施行	・銀行業高度化等会社の類型に地域商社を明記
2020年	改正資金決済法・金商法等の施行	・暗号資産カストディ業者・電子記録移転権利に対する規制導入 ・銀行等の情報の利活用に係る法的位置づけの明確化
2021年	改正資金決済法等の施行	・高額送金可能な資金移動業の創設と規制の柔構造化 ・金融サービス仲介業の創設
2021年	改正銀行法等の施行予定	・銀行の業務範囲規制の緩和

（出所）　筆者作成

とがありました。こうした新技術を銀行内部に取り込んでいくうえで、フィンテック企業に対する出資上限を緩和する法改正がなされました。

　具体的には、従属業務等を営む企業以外で銀行は5％（持株会社は15％）までしか企業の株式を保有することができないという出資制限がありましたが、フィンテック系企業であれば銀行業高度化等会社として、これらの上限を超えさらに50％を超えても保有できるようになったのです（**図表2－7**）。

　2018年には、電子決済等代行業者に対する規制が導入されました。マネーフォワードやフリーといった家計簿アプリやクラウド会計ソフトの企業が代表的な電子決済等代行業者になります。電子決済等代行業者は、銀行と顧客の間に入って、顧客から顧客の銀行口座に接続するためのIDとパスワードを預かったうえで顧客の残高明細等の情報を取得するスクレイピングによって、複数の口座残高や入出金明細等の情報を統合して家計簿のようなかたち

図表２－７　銀行の出資制限の緩和（銀行業高度化等会社の子会社化が可能に）

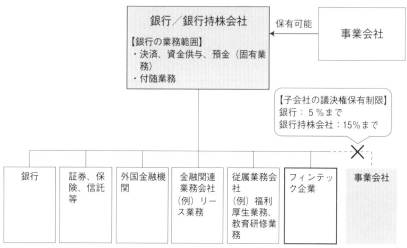

（出所）　金融審議会金融制度スタディ・グループ（平成30事務年度）第２回事務局説明資料2018年10月25日

で管理できるようにするといった、利便性の高いサービスを提供していました。こうしたサービスの利用者が拡大するなかでスクレイピングのセキュリティ上の懸念が高まってきたことを背景として、新たに規制対象に加えられることになりました（**図表２－８**）。

　2019年にはいわゆるeKYC（Electric Know Your Customer）が導入されました。オンラインで完結する本人確認です。従来、銀行口座を開設するときは、店頭に行き、印鑑を押し、免許証を呈示するといった本人確認作業を対面で行っていました。しかし、このeKYCの導入によりスマホで免許証等や本人画像を送信することで本人確認が完了し口座開設ができるようになりました。

　また、銀行業高度化等会社に、フィンテック関連企業に加えて地域商社が追加されるという改正も行われました。これにより、地域商社も子会社にできるようになりました。

　地方にはよい商品やサービスをもっている企業がたくさんあります。しかしながら、企業単独では全国にマーケティングすることがむずかしいという

図表 2 － 8　電子決済等代行業者に対する規制の導入

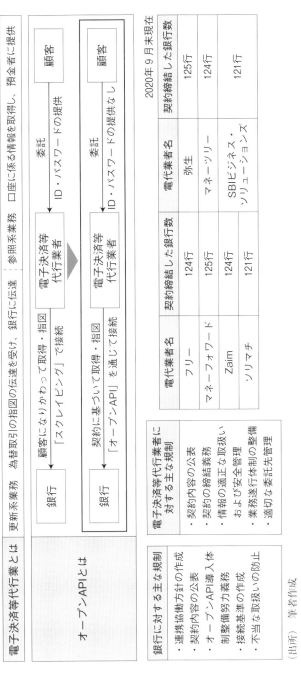

（出所）　筆者作成

課題がありました。地域商社は、地域の優れた商品やサービスをまとめて対外的に県外、域外に発信することにより、販売力の強化につなげ地域活性化につながることが期待されます。

　2021年には資金移動業者について、これまで1回100万円までしか送金できなかったところ、認可を取得すれば高額送金の取扱いが可能となる改正が施行されました。代表的な資金移動業者としては、○○ペイといったような送金サービスを提供している業者があげられます。

　同じく2021年に金融サービス仲介業が導入されました。金融サービス仲介業は、銀行や保険、証券といった業態をまたいで、それらの商品を仲介する業です。従来は、業態ごとに仲介業者が規制されていました。銀行であれば銀行代理業、証券であれば金融商品仲介業があり、業登録や許可が求められていました。したがって、複数の業態にまたがって商品を取り扱うためには、それぞれの業登録をしないといけなかったのですが、これを金融サービス仲介業という一つの業登録を取れば、銀行、保険、証券の商品が取り扱えるようにされています。

　既存の仲介業は、仲介する商品を提供する銀行、証券会社、保険会社が仲介業者の損害賠償責任を負うというかたちになっており、銀行であれば所属銀行、金融商品仲介業であれば所属金融商品取引業者を決め、金融機関側は仲介業者を厳格にモニタリングする必要がありました。したがって、仲介業者が複数の金融機関から商品を卸してもらうことは実務上きわめてむずかしかったのです。○○銀行の所属の代理業者がそれ以外の銀行とも銀行代理契約を締結しようとすると二つの銀行から監視を受けることになりますし、銀行も商品を提供している銀行代理業者が他行の商品を扱うことを好まないので、なかなか多数の銀行の商品を取り扱うことがむずかしかったのです。

　しかし、金融サービス仲介業は所属制でないことから複数の銀行から商品を仕入れやすくなり、さらに銀行、証券、保険、貸金の業態にまたがって商品を一手に取り扱うことができるようになります。

　顧客からみれば、自分のニーズにあわせた金融商品を、適切なタイミングで提示してくれる金融サービス仲介業者と付き合うほうが、さまざまな金融

図表2－9　金融サービス仲介業の創設（2021年施行）

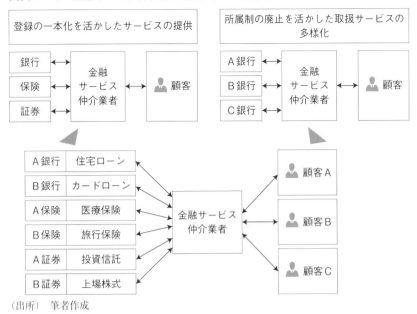

登録の一本化を活かしたサービスの提供

| 銀行 |
| 保険 |
| 証券 |
→ 金融サービス仲介業者 ↔ 顧客

所属制の廃止を活かした取扱サービスの多様化

| A銀行 |
| B銀行 |
| C銀行 |
↔ 金融サービス仲介業者 ↔ 顧客

A銀行	住宅ローン
B銀行	カードローン
A保険	医療保険
B保険	旅行保険
A証券	投資信託
B証券	上場株式

金融サービス仲介業者

顧客A
顧客B
顧客C

（出所）　筆者作成

機関と付き合うよりも、利便性が高いということになる可能性があります。そういった意味では、既存の金融機関はいままで以上に顧客接点、特にデジタルの世界、オンラインの世界で顧客との接点をいかに拡大していくかということが大きな課題になってくると考えられます（**図表2－9**）。

　また、業務範囲規制のさらなる緩和もなされました。銀行業高度化等会社については、前述のフィンテック企業や地域商社以外にも、自行アプリ、ITシステム、データ分析、マーケティング、広告などに関しても出資制限なく子会社化できるようになりました。また銀行の従属的な業務を行う従属業務会社に対する収入依存度規制が撤廃されました。従来は、銀行本体や親会社からの収入が一定以上となる必要があったことから、その技術や商品を外部に販売することはむずかしかったのですが、かなり自由に営業できることになりましたので、銀行の業務範囲は大きく拡大したといえるでしょう（**図表2－10**）。

図表 2 - 10 銀行の業務範囲規制の見直し（2021年施行）

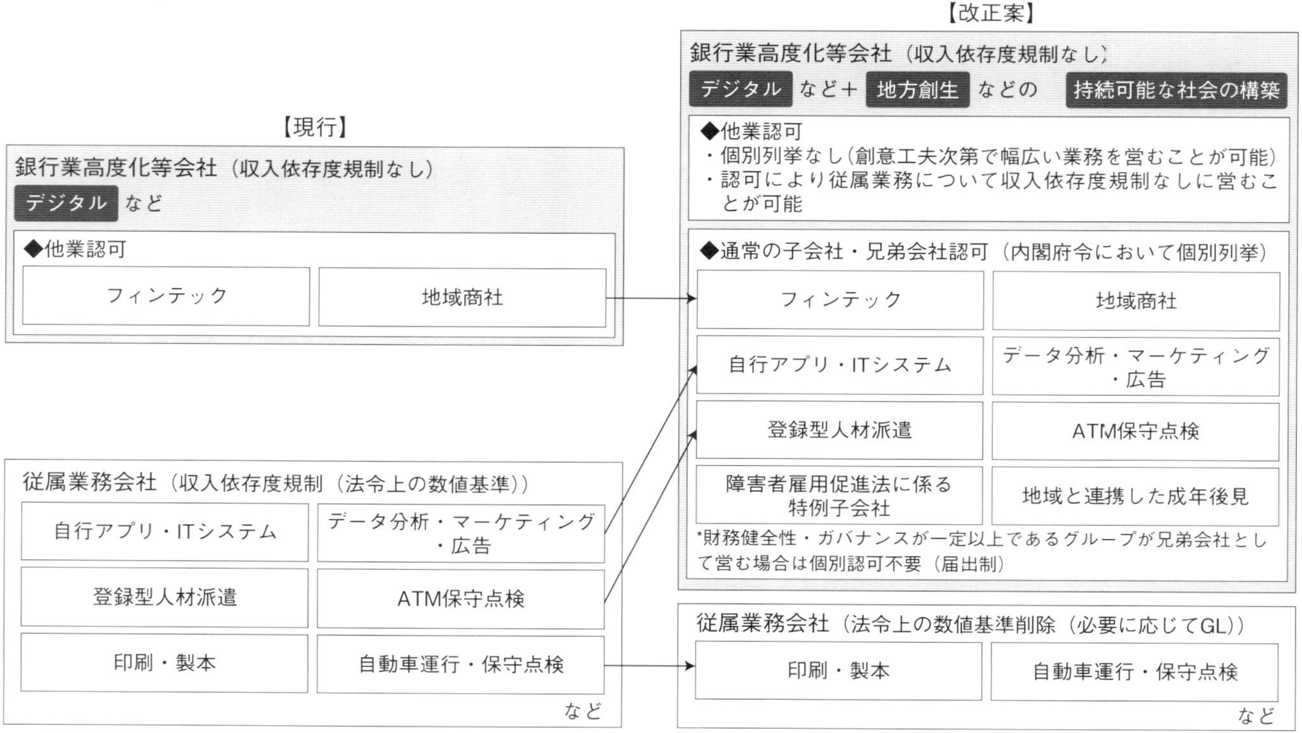

【現行】

銀行業高度化等会社（収入依存度規制なし）
など
デジタル
◆他業認可

| フィンテック | 地域商社 |

従属業務会社（法令上の数値基準）

自行アプリ・ITシステム	データ分析・マーケティング・広告
登録型人材派遣	ATM保守点検
印刷・製本	自動車運行・保守点検

など

【改正案】

銀行業高度化等会社（収入依存度規制なし）
デジタル　など＋　地方創生　など　の　持続可能な社会の構築
◆他業認可
・個別列挙なし（創意工夫次第で幅広い業務を営むことが可能）
・認可により従属業務について収入依存度規制なしに営むことが可能

◆通常の子会社・兄弟会社認可（内閣府令において個別列挙）

フィンテック	地域商社
自行アプリ・ITシステム	データ分析・マーケティング・広告
登録型人材派遣	ATM保守点検
障害者雇用促進法に係る特例子会社	地域と連携した成年後見

*財務健全性、ガバナンスが一定以上でのグループが兄弟会社として営む場合は個別認可不要（届出制）

従属業務会社（法令上の数値基準削除（必要に応じてGL））

| 印刷・製本 | 自動車運行・保守点検 |

など

（出所）　金融庁銀行法等改正に係る説明資料をもとにKPMG作成

また、執筆時点では制度として整備されていませんが、今後給与について、現金支払いや銀行振込み以外に資金移動業者のアカウントに直接振り込むことを認める改正が検討されています。これが実現すると給与資金の獲得という意味では、資金移動業者と銀行業が真っ向から勝負することになる可能性もあるでしょう。

２．暗号資産とは

　ここまでみてきたような金融業に関する規制の変化とは少し異なるものとして、暗号資産に関する規制があります。従来は仮想通貨と呼ばれていましたが、現在、規制上は暗号資産という用語に統一されています。

　ビットコインをはじめとする暗号資産の市場は急速に拡大しています。世界中の暗号資産の価格や暗号資産取引所の情報を提供するウェブサイトであるCoin Market Capによると、いわゆるステーブルコインなどが含まれるものの暗号資産市場の時価総額は2021年10月に一時300兆円を超えたとされています。東京証券取引所の一部に上場する企業の時価総額がおおよそ700兆円台程度ですので、暗号資産市場は東証一部の半分弱の規模までふくらんだことになります。

　価格の変動はあるものの大きな趨勢として暗号資産市場は拡大を続けており、後述するようなトークンの種類の多様化や利用者・投資家層の広がりなどとあわせると、すでに一過性のブームでも、ましてやチューリップバブルの再来でもないことは証明されたといえるかと思います。

　代表的な暗号資産であるビットコインの時価総額は、暗号資産市場全体の40％程度のシェアを占め高い流動性を示しています。詳細は後述しますが、暗号資産のなかでもビットコインは、なんらかのプロジェクトに紐づくといった「色」がないことや、保有者が分散していること、暗号資産のなかでもトップクラスの流動性があることから、他の暗号資産では代替できない機能も果たしうる存在となっていると考えられます。

　暗号資産の法的な定義は国によってさまざまです。わが国では「資金決済に関する法律」で暗号資産が定義され、さらに、「金融商品取引法」および

関連の政府令において定義される「電子記録移転有価証券表示権利等」がいわゆるセキュリティトークンに相当するものとして認識されています。2022年にはいわゆるステーブルコインに相当する概念が法的に定義される見込みです。

これら以外にもNFT（非代替性トークン、Non-Fungible Tokenの略）やガバナンストークンといった種類の暗号資産もありますが、これらについては国内においては明確な法的定義はなく、個別事例ごとに「暗号資産」等への該当性が検討されることになると考えられます。

また、こうした資産性をもつブロックチェーン上のトークンを総称して「デジタルアセット」と呼ばれることがあり、本節においても、この言葉を適宜使用します。

さて、暗号資産市場は近年拡大を続けていますが、ここ数年の市場拡大には特に二つの特徴があると指摘できると思います。一つは、発行されるトークンの種類が多様化していること、もう一つはトークンを取引する主体が機関投資家をはじめとする法人にも拡大していることです。以下、この二つの特徴についてみていきましょう。

(1) トークンの多様化

まずトークンの多様化の背景には、ブロックチェーン技術がもたらす改ざん耐性や二重譲渡が行えないといったトークンの特徴があります。ブロックチェーン上のトークンそれ自体はなんら資産性を帯びない無色透明の器にすぎません。このトークンに対して、スマートコントラクトによる特定機能の実装、ブロックチェーンの外側における物理的な現物資産やデジタルの価値記録との紐づけ等によってトークンに資産性をもたせることができます。たとえるならば、寿司でいう「シャリ」がトークンで、「ネタ」が紐づける機能や資産です。

近年はその「ネタ」の種類が増えてきました。これはトークンの使い方が成熟してきたといえます。これによってビットコインやイーサリアムという人気のある「ネタ」に偏っていた市場が多様な「ネタ」が創作されてきたこ

とにより、市場全体が活性化してきました。そして、さらに市場全体の活性化により、人々の多様な関心・ニーズを引き寄せることで人気を安定化させる効果も見込まれるでしょう。

数年前には、実現性の低いプロジェクトが記載されたホワイトペーパーなどにより、いわば詐欺的に資産性を帯びさせたトークンを発行することで資金調達を行う「ICO（Initial Coin Offering）」が多発した時代がありました。しかし、近年は実際に財産的価値を有する資産をトークンと紐づけることで新たな「デジタルアセット」を発行し、ビジネスとして活用する事例が増えてきました。

いずれにせよ、多種多様なトークンが日々創出され、実在資産のトークン化やデジタル作品のNFT化などビジネスと結びつくトークンのユースケースが増えるとともに、トークンの取引を円滑化するステーブルコインのニーズも拡大し、広義の暗号資産ともいえるデジタルアセットが市場拡大をけん引するようになってきたといえます。

また、資産の種類だけでなく、取引を活性化するうえで重要な決済用トークン、いわゆるステーブルコインの存在も大きくなってきています。さらに、DeFi（分散型金融、De-centralized Finance）の台頭など、トークンを取引する基盤も急速に進化しています。こうしたデジタルアセットの拡大と基盤の進化は、以前の暗号資産市場の拡大局面と大きく異なる特徴といえるでしょう。

⑵　利用者層の拡大

もう一つの近年の暗号資産市場における拡大の特徴は、利用者層および投資家層の広がりです。これについては大きく三つの観点から指摘することができるでしょう。

一つ目の観点は、投資対象として認識されることに伴う機関投資家や富裕層などの投資家層の拡大です。国内ではあまり実感はありませんが、海外では機関投資家を中心に長期投資の資金が市場に流入しています。

米グレイスケール社のビットコイン等の暗号資産に投資するファンドは、

機関投資家の資金を中心に2021年に記録的な資金流入を記録しました。また、ETF等の開発も進んでおり、カナダなどではすでにビットコインの現物に投資するETFなどが登場しているほか、米国でも先物を使ったETFが認可され上場しています。

シティ、ゴールドマンサックス、JPモルガンなど伝統的な金融機関も次々と暗号資産に関連する金融商品の取扱いを始めています。多くの金融機関は暗号資産市場への参入の理由として、顧客ニーズの高まりをあげています。こうした金融機関の参入は、暗号資産を投機ではなく投資ととらえる投資家層が大手金融機関を動かすほど広がっていることを示しています。

二つ目の観点は、暗号資産というよりは主としてビットコインを対象とした動きですが、米ドルも含めた法定通貨の毀損、つまりインフレによる減価に対するインフレヘッジ手段としてビットコイン等を保有する企業が増えてきたことがあげられます。

NASDAQ上場のマイクロストラテジー社は、米国ドルの減価による企業価値の毀損を防ぐ目的から、インフレヘッジ先をビットコインとすることを決定し、2020年8月から手元現預金の大半をビットコインに変換しています。同社については、単なるインフレヘッジにとどまらず、米ドルの減価とビットコインのインフレ耐性を収益機会ととらえ、手元現金のほとんどをビットコインに転換した後も転換社債等で米ドルを調達してはビットコインに投資するということを繰り返し、資産の大半がビットコインという企業となりました。

さらに、それに続く事例として、イーロン・マスクが率いるテスラ社が余資の一部をビットコイン購入に充てたことが話題になりました。国内でも上場企業がビットコインを購入する事例が出てきています。

三つ目の観点は、こちらも暗号資産全体というよりは主としてビットコインを対象とした動きですが、決済に使う事例の拡大があげられます。これまでもスターバックスなど個別の企業が自社商品の購入に際してビットコイン等による決済を認めるケースはありましたが、2021年には決済サービス大手のペイパルがビットコイン等を決済資金とするサービスを導入しました。

また、中米エルサルバドルは2021年9月からビットコインを法定通貨として認める初めての国となりました。さらに、マイアミ州など米国の自治体の長が給与をビットコインで受け取るという事例も出てきています。

　ステーブルコインとは異なり、ビットコイン等の暗号資産による実際の決済利用が広がることが社会や経済にもたらす影響は、セキュリティトークンやNFTの台頭のように既存市場の効率化やすそ野の拡大、あるいは新しい市場の誕生といったポジティブな側面ばかりでなく、既存の金融秩序に対する破壊的な影響をもたらすという痛みを伴う点で、はるかに大きな意味をもちます。そこで社会のなかで必要となってくるのが規制です。次に暗号資産に対してどのような規制がなされてきたのかをみていきたいと思います。

３．暗号資産に関する規制

　暗号資産やデジタルアセットが今後どのようにユースケースを増やし、利用者が広がり、ビジネスや雇用を生み出していくかについて大きな影響を与える要素の一つが法規制です。

　暗号資産やデジタルアセットが社会にもたらす便益やビジネス機会と比較して、中央銀行を含む規制当局の姿勢は総じて保守的であるといえ、時に攻撃的になることがあります。特に、パブリック型のブロックチェーン上のトークンについては、仲介金融機関を通じて市場全体を規制下に置く従来の規制アプローチを無効化する性質を有することから、概してイノベーション支援というよりも、市場拡大自体に抑圧的な姿勢が続いているといえるでしょう。

　特に、ステーブルコインを含め決済に利用される暗号資産は、中央銀行や政府にとっては通貨主権を奪われ、既存金融システムの弱体化を招きかねないことから、わが国に限らず多くの先進国では一般的に歓迎されることはありません。

　他方で、暗号資産の大半は、明確な規制対象となる主体がなく、一度稼働した暗号資産を規制当局が止めることは困難であるという性質があります。実際に暗号資産の取引を禁じる国があったとしても、ビットコイン等の暗号

資産は稼働し続けてしまいます。

このような環境のもと、幅広い一般利用者が暗号資産による決済を日常的に利用する、マスアダプションが起こってしまってからでは、規制強化による利用者利便の低下によるネガティブな影響が相当程度大きくなります。このため、規制当局としてはマスアダプションが起こる前に利用が広がらないように施策を打とうとする傾向が出てきました。国民に暗号資産を保有しないよう勧める情報発信を行う当局も決して珍しくありません。旧Facebook社（現Meta社）のリブラ構想などはその代表例でしょう。米国をはじめとした規制当局が構想推進に立ちはだかり、事実上停止状態に追い込まれました。

ステーブルコインについては厳格なルールが国際的に導入されようとしています。また、ステーブルコインではない暗号資産についても、金融機関が暗号資産を保有する際のリスクウェイトをあらゆる金融商品のなかで最大の数値にセットするなど、金融機関が暗号資産を取り扱うコストを高く設定し取り扱いにくくしています。

IMF（国際通貨基金）は、ビットコインを法定通貨化したエルサルバドルに対して新規融資を停止するなど圧力をかけています。

先進国各国の規制当局の暗号資産に対するスタンスは基本的にネガティブとならざるをえないわけですが、ここで忘れてはいけないことは、何を決済に使うかを決めるのは当局ではなく利用者である、という事実です。暗号資産自体に利用する価値がある以上は、決済利用の既成事実が積み重なっていくでしょう。きわめて中央集権的な国家でない限り、いずれ規制当局は暗号資産の決済利用を所与のものとして規制アプローチを見直さざるをえなくなる可能性があります。

ここでわが国における暗号資産関連規制の動向を確認しておきたいと思います。

まず、2017年に資金決済法が改正され、初めて法律上の仮想通貨の定義が定められると同時に仮想通貨交換業の登録制が導入されました。

その後2019年には資金決済法と金融商品取引法が改正され、一気に規制が

図表2－11　暗号資産カストディ業者・電子記録移転権利に対する規制導入

改正資金決済法	改正金融商品取引法		
「仮想通貨」から「暗号資産」への名称変更	電子記録移転権利に係る規制の導入	電子記録移転権利の発行に係る規制の整備および導入	
履行保証暗号資産の確保		電子記録移転権利の情報開示に係る規制の導入	
暗号資産カストディ業に対する規制の導入		電子記録移転権利の売買等に係る規制の整備	
	暗号資産に係る規制の導入	暗号資産デリバティブ取引に対する規制の導入	
		暗号資産に係る不公正取引・風説の流布・相場操縦規制導入	

（出所）　筆者作成

強化されました。まず、仮想通貨から「暗号資産」に名称が統一され、暗号資産を管理するのみの暗号資産カストディ業者に対しても規制が導入されました（**図表2－11**）。

　また特に注目すべきは仮想通貨交換業者に対する「履行保証暗号資産」の確保義務の導入です。すなわち仮想通貨交換業者は預かっている顧客資産のうち「ホットウォレット」に相当するものと同金額を履行保証暗号資産として保有しなければいけないとされたのです。

　この規制のきっかけは、コインチェックからの仮想通貨の流出事故です。その後の金融庁としても、このような事故を起こすことは絶対にあってはならない、という方向性で議論が進んでいましたが、Zaifやビットポイントジャパンで、次々と流出事故が起こり、この履行保証暗号資産の確保義務という話が出てきました。

　最近、金融庁のスタンスも変わってきていると感じることがあります。いくら頑張ってもハッキングはなくならないし、流出事故が起きる前提で金融機能の安定を考えないといけない、と考えるようになってきていると思います。ですから、預かった資産が盗まれた場合に顧客を保護するためには、リ

スクにさらされている顧客資産の金額と同金額を別に取っておいてください、という発想での規制になるのです。これが具体化したものが履行保証暗号資産になります。

　一方「電子記録移転権利」いわゆる「セキュリティトークン」と呼ばれるものに対する規制も明確化されました。つまり、暗号資産のうち証券と呼べるものをトークン化したもの、すなわち暗号資産化したものについては、資金決済法ではなくて金融商品取引法上の有価証券として取り扱うということが明確化されました。これによってセキュリティトークンの法的な位置づけがいわば「デジタル証券」といった性質のものとすることが明確になりました。

　現在、さまざまな会社がセキュリティトークンに関心をもって取り組んでいるのですが、逆に規制が厳しすぎ、実例としてはなかなか出てこないという状況が続きました。2021年7月になり、ようやく三菱UFJ信託、ケネディクス、野村證券、SBI証券が公募型のセキュリティトークンを発表するなど、少しずつ動きが出てきています。

　セキュリティトークンによる資金調達はSTO（セキュリティトークンオファリング）と呼ばれます。会社は従来の株式や社債等にかわり、ブロックチェーン等の電子的手段を用いてデジタル証券（セキュリティトークン）を発行して資金を調達します。

　ここまでみてきたように、わが国においては暗号資産などに対する規制の強化が行われてきました。ただし、このような傾向は日本だけではなく、世界中でみられるものです。海外諸国では、金融機関をはじめさまざまな民間企業がデジタルアセット市場に今後のビジネス機会を見出そうとしています。前述の暗号資産市場への伝統的な大手金融機関の参入以外にも、セキュリティトークンやNFTは、それぞれ関連が深い業界を中心に商用利用が進んでいます。

　ただし、日本企業の動きには注視すべき点があります。NFTなどにおいては一部積極的な動きがあるものの、概してデジタルアセット市場から距離を置いているような企業が多いと感じられます。海外では当局の厳格な姿勢

にもかかわらず、実態としては、暗号資産をはじめとするデジタルアセット市場の拡大をビジネス機会としてとらえようとする金融機関や民間企業の動きが顕著です。これに対して、日本企業の動きは遅れているように感じられます。

たしかに国内では金融機関が暗号資産を取り扱うハードルは高く、リテール向けの投資商品を組成することが困難となっています。「暗号資産」に該当する場合は一つひとつ当局に取り扱ってよいことを届出で確認する必要があり、機動的なトークンの発行は日本では行いづらいといえるでしょう。また、機関投資家を含む法人取引に必要なカストディのインフラも、信託銀行においては法律で暗号資産の受託を禁止されるなど、ビジネスそのものが日本で起きないような規制環境です。

しかし、さまざまな資産がトークン化され、DeFi（分散型金融）の利便性がますます向上すると、ビジネスのあり方というのは大きく変わります。特に、従来の「価値」移転を担ってきた銀行等の仲介機関は、その役割を変えていかざるをえないでしょう。

暗号資産をはじめとするデジタルアセットがさらに気軽に発行できるようになってくると、産業構造は大きく変わっていくでしょう。それにもかかわらず、次の大きな市場へとビジネスを大きく展開する企業はまだまだ少ないと感じています。

4．暗号資産は「未来の通貨」になりうるか

暗号資産はもともと「仮想通貨」と呼ばれていました。では、暗号資産は「未来の通貨」となりうるのでしょうか。

この問いに対しては、おそらく反対意見か懐疑的な見方をもつ人が大半ではないでしょうか。ただ、どの国の既存の法定通貨も使われなくなり、ある暗号資産が基軸通貨となることは起こりえないことではありません。ここからは私見であるとご承知おきいただいたうえで、暗号資産が基軸通貨となる可能性を探ってみたいと思います。

そもそも通貨には価値の保存、価値の尺度および決済の三つの機能がある

といわれています。ただ、その前提条件として、通貨は「資産」であるはずです。ただ「資産」とは必ずしも価値の裏付けがあるとは限りません。

本章第2節で小早川先生も指摘されているとおり、歴史的には数ある資産のなかで最も通貨の機能を果たすのに適した資産が通貨として利用されてきました。

その昔、通貨は石や貝殻でした。その後、通貨として腐らず、持ち運びに便利で、誰からみても価値観に大きな違いがないような性質のものが選ばれてきました。石や貝殻ではなく、金貨や銀貨といった金属資産へと変化してきたのです。

近年デジタルの世界で改ざん・二重譲渡が不可能なデジタルアセットが生まれてきています。少なくとも腐ることはないし、持ち運びにも便利だし、誰からみても価値観が変わらないという通貨に適した性質を有している新しい資産です。暗号資産は、少なくとも通貨となりうる要素を兼ね備えたものであると推察できるでしょう。

通貨には価値の裏付けが必要だといわれます。ビットコインなど多くの暗号資産には何の裏付けもなく本来的な価値はゼロであると批判されることもあります。

ただ、これも本章第2節で小早川先生が触れられましたが、かつての金や銀が貨幣の役割を担っていた時代とは異なり、現在、中央銀行が発行する紙幣についても、紙切れそれ自体に価値があるわけではありません。重要なことはその資産が通貨として使えることを多くの人が認識する必要があるという点です。

つまり、皆が通貨として使えると感じてしまえば、当局が通貨の条件を満たしていないと指摘したところで、実態としては通貨として利用されてしまうかもしれない、ということです。

その資産自体を裏付けるものがなかったとしても、決済に使われる既成事実が積みあがれば、通貨としての役割を果たしうるのです。そして、冒頭に述べたとおり、まさにいま、多くの人が暗号資産に価値を認め、東証一部上場企業の時価総額の半分近くにまでなっている現実が目の前にあるのです。

決済に利用するという既成事実の蓄積は、「資産」が「通貨」として機能するうえで非常に重要な要素となります。中央銀行が発行しているという信頼感が通貨に必要といわれることもありますが、支払い時に中央銀行を頭に浮かべ信頼を思い描きながら通貨を利用することはありません。

　子どもが通貨の価値を感じるのは100円玉をもっていけば100円以内のモノを買えるからです。また、100円玉では1,000円のものは買えないけれども、1,000円札をもっていけば買えるようになるからです。そういう経験を蓄積することでお金の価値感覚を身につけていくのだと思います。そこで中央銀行を意識することは決してありません。

　もし、ビットコインで決済する経験が蓄積すれば、通貨として機能しだすということになります。中央銀行や規制当局はそうならないように通貨ではないとアナウンスしたり、法定通貨にする国があれば取り下げるよう圧力をかけたりしています。おそらく、マスアダプションすると既存の中央銀行を頂点として民間銀行が金融仲介する金融システムが機能しなくなり、金融政策の手段が大きく制限されることが懸念されるためでしょう。

　一部の国がCBDC（中央銀行デジタル通貨）の発行を急ぐのは、マスアダプションする決済用暗号資産が登場する前に、自らコントロールできるデジタル通貨を普及させるねらいがあるものと考えられます。

　暗号資産は価格変動が激しすぎるという意見もあります。ただ、よく考えてみると「暗号資産の価格変動」という概念は、法定通貨をモノサシとして考えた場合に生じるものです。そもそも収入もすべて暗号資産、支出もすべて暗号資産になってしまえば、逆に法定通貨のほうが価格変動しているようにみえるでしょう。

　価格変動とは財やサービスとの関係で考えるものだ、という反論もあるかもしれませんが、仮にそうだとしても、世界にはハイパーインフレーションが発生した国もたくさんあります。いまある法定通貨で今日はモノが買えても、明日は同じモノが買えないかもしれない、というリスクを常に抱えている国の経済は安定しません。そういった国に対して、価格変動が激しいからビットコインを通貨として採用すべきでないというメッセージを送ること

は、はたして合理的でしょうか。

　コロナ禍を経て各国の政府債務は史上最大の水準に達しています。政府債務が引き金となって法定通貨が減価したことによって、ビットコイン等の価格が大きな趨勢としては上昇傾向にあるといえるでしょう。そういった大きな趨勢のなかで、多少ビットコイン等の価格が変動したからといって、それをもってビットコイン等が通貨としてふさわしくないという理由づけにはならないと思います。

　2009年にビットコインが誕生して以来、前述のように価格変動はありながらも大きな趨勢として暗号資産市場は拡大を続けています。個人法人にかかわらず保有者が増える通貨に適した性質をもつ「資産」を決済に利用しようとするのは自然な流れといえます。

　さまざまな考えがあると思いますが、私自身は、国境に縛られず、腐りもしないし、持ち運びに便利で、価値観が世界的に一定の範囲に収れんする、さらに大きな流動性を有する暗号資産の決済利用という経験・既成事実が積みあがったときに、決済通貨のパラダイムシフトが起きるのではないか、と考えています。

ブロックチェーンの技術

G.U. Technologies　稲葉　大明

　近年のインターネットの発展がもたらす「情報革命」によって、人々の情報発信力、コミュニケーション能力、情報収集能力が飛躍的に向上しました。インターネットとウェブが世界中をつなぎ、知的生産活動やビジネス取引のグローバル化を推進するとともに、その影響力は各国の経済、社会、そして政治にまで及ぶようになっています。

　しかしながら、インターネットとウェブの機能はまだまだ不完全です。特に「信頼性」においては、依然として欠陥を抱えています。インターネットとウェブへの信頼性が完全ではないことから、日本社会のハンコ文化はいうまでもなく、世界でもまだまだ、信頼性を担保するためだけの目的で、旧態依然としたアナログな仕組みが数多く残っているのが現状です。ユーザーに寄り添った社会のデジタル化は、いまなお道半ばの状況です。そして近年では、まさにネットワーク社会の「信頼性」の欠陥をついたフェイクニュースや詐欺が、社会を揺るがす問題として横行しており、インターネットとウェブの発展とともに、その影響はさらに大きくなっています。

　そうしたなかで、2008年にSatoshi Nakamotoが発明したとされるBitcoinが登場し、その基盤技術としてブロックチェーンに注目が集まりました。ブロックチェーンは、現在のインターネットとウェブに足りない、圧倒的な「信頼性」を担保するとともに、既存システムの問題点としてあげられる可用性や冗長性等をもカバーする画期的な新技術、まさにフィンテックとして、金融と情報技術の融合する未来のデジタル社会に向けた新しい扉を開きました。

1．ブロックチェーンとは何か？

　目下のブロックチェーンを取り巻く環境は、インターネットが普及し始めた頃によく似ていると、インターネットの黎明期を知るエンジニアはいいます。

　1990年代後半から2000年代にかけて、インターネットが世に出始めた頃には、インターネットでいったい何をするのか、という議論が盛んになされました。当時は、インターネット上でモノを売買したり、ましてや見ず知らずの者同士がインターネット上で決済したり、などというのは夢物語として片付けられていました。

　しかしながら、便利になると人は考えるもので、クレジットカード情報をインターネット上に打ち込んで、決済がなされるようになり、またエスクローサービス（取引保全）のようなものも登場して、あっという間にインターネットは商取引のプラットフォームとして世の中に定着しました。

　それでもいまのインターネット上における決済の仕組みの大半は、取引当事者そのものの信頼性に依存しています。たとえば、人々がAmazonや楽天で安心して買い物をするのは、最終的な決済の相手が、Amazonや楽天が「信頼性」のある取引先であるからにすぎません。インターネットという技術が信頼性を保証してくれているわけではないのです。このためAmazonの名をかたった詐欺のような事件が、インターネット上でいまだ数多く横行しているのです。

　Bitcoinは、インターネット上の信頼性を、テクノロジーが保証する画期的な決済手段として登場しました。このBitcoinが技術基盤として採用しているのがブロックチェーンです。ブロックチェーンがBitcoin、暗号資産というわけではありません。ブロックチェーンは、インターネット上の「信頼性」を技術的に担保する仕組みの一つなのです。

　ブロックチェーンが「信頼性」を確保する仕組みは、おおむね**図表２−12**のとおりです。Bitcoinを例にすると、Aさんが取得したという情報を取引データA、Bさんが取得した情報を取引データB、同様にCさんの情報を取引データCとし、これらのデータを「ブロック」という単位のファイル（ブ

図表２－12　ブロックチェーンの仕組み

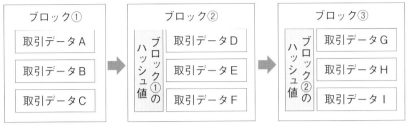

（出所）　筆者作成

ロック①）に書き込みます。

　次に、DさんがAさんから取得したという情報を取引データD、Eさんが
BさんからＢさんから取得した情報を取引データE、FさんがCさんから取得した情報
を取引データFとすると、直前のブロックのファイルから計算されるハッ
シュ値とナンス値（という技術的な数値）に続けて取引データD、E、Fを
一緒に次のファイル（ブロック②）に書き込みます。

　このようにしてブロックチェーンでは、直前の取引状態を表すブロックの
情報をハッシュ値というかたちで引き継いで、新たな取引情報を含むブロッ
クを書き込むことを繰り返します。このようにすると、過去の取引情報をさ
かのぼって修正することがきわめて困難になり、これが改ざん防止につなが
るのです。たとえばブロック③をつくるタイミングで、過去のAさんの取引
を修正しようと思った場合、ブロック②とブロック①のすべてのハッシュ値
を計算し直す必要があります。

　また、ブロックチェーンにおけるデータの持ち方は、Bitcoinよりも前か
ら概念として存在する分散台帳技術（DLT：distributed ledger technology）
のシステム実装の一形態と位置づけられます。

　具体的なイメージをつかむために、従来型のデータベースとDLTの両者
を比較したのが**図表２－13**です。ここでは三つの投票所の投票情報をデータ
ベース化するケースを例にしています。上側は従来型のデータベースです。
各投票所の投票結果データが中央の選挙管理委員会に送られ、選挙管理委員
会の手元で一元的にデータベース化されます。

図表 2 −13　従来型データベースとDLT

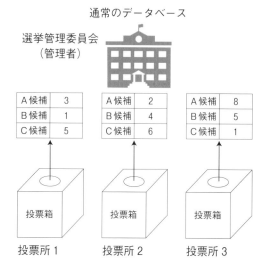

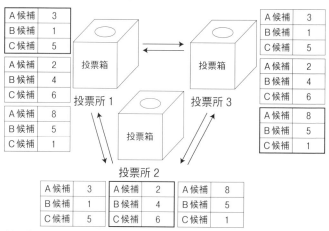

（出所）　筆者作成

　これに対して下側がDLTによるデータベースです。各投票所は自分のところの投票結果を他の投票所に送ることで、各投票所にすべての投票所の投票結果が共有されます。結果として、各投票所は同一の投票結果データをそれぞれ保有することになります。選挙管理委員会のような管理者はいません

し、データベースの「マスタ」という概念もなく、各投票所が保有するデータが本番データそのものです。そして、先ほどのブロックの生成方法によるデータの信頼性によって、各投票所が不正なデータの書換えをできない仕組みとすることで、すべての投票所が保有するデータが同一の状態に保たれることとなります。

より身近なイメージでいうと、ここで仮にAさん、Bさん、Cさんの三人が、それぞれの保有するPC上で三人のデータを共有するケースで考えてみましょう。ブロックチェーンを使うと、Aさんが勝手にデータを書き換えても、Bさん、Cさんの手元にあるデータと一致しなければ、Aさんによる不正がすぐにわかってしまう、そんなデータベースです。

さて、ブロックチェーンは、管理者が存在するかしないか、参加者が特定されているかいないかによって、大きく三つのタイプに分けられます（**図表2-14**）。

一般的にインターネットでブロックチェーンというと「パブリック型」といわれる、管理者不在で誰でも参加できるタイプと考えていただいて結構です。感覚的にいうと、教室に集まった30人の生徒が、それぞれ自分でPCを1台ずつ用意して、全員が公平に教室内で発生した情報を自分のPCに書き

図表2-14 ブロックチェーンの三つのタイプ

	パブリック型	コンソーシアム型	プライベート型
管理主体	管理者なし	管理者を1カ所に特定しない	管理者あり（単独）
参加組織（ノード保持者）	誰でも保持可能	許可制（信頼できる参加者）	許可制
合意形成	多数決	多数決	中央集権型
マイニング報酬（ノード運営による報酬）	あり	あり／なし設定自由	なし
伝達速度	遅い	早い	早い

（出所）　筆者作成

込んでいくようなブロックチェーンです。教室には先生もいますが、先生も管理者にはなりません。どの取引情報が正しいかは、先生が決めるのではなく、生徒全員の多数決で決まります。これによって、すべての生徒のPCには同じ内容の取引情報が記録されることになりますが、この仕組みを「合意形成」などといいます。また、生徒はボランティアで取引情報の記録に参加するわけではありません。データを記録することで、「お金（価値）」を報酬として受け取ることができます。データを記録する人たちを「ノード」などといいますが、ノードの運用にかかわることで報酬を得ることができるのも、ブロックチェーンの特徴の一つです。BitcoinやEthereumといった世の中の暗号資産も同じパブリック型の仕組みを採用しており、ノードとして参加する人々が報酬を受け取ることで、ブロックチェーン基盤が維持されています。

　次にプライベート型のブロックチェーンを紹介しましょう。これは、管理主体が一人に特定できて、かつ参加者も特定できるブロックチェーンです。わかりやすい例では、自分一人で5台のPCを使ってブロックチェーンを立ち上げるようなケースです。この場合、管理しているのはもちろん自分ですが、ブロックチェーン上に書き込まれたデータをさかのぼって改ざんすることは、自分でもむずかしいというデータベースになります。したがってプライベート型チェーンは、監査性に優れたデータベースという特徴をもちます。

　プライベート型はパブリック型に比べると、参加している人数が少ないので、合意形成が瞬時に行われます。これはデータベースとして、情報の更新スピードが速いことを意味します。これに対してパブリック型は、場合によっては世界中に散らばる何千人、何万人というノードが合意形成を行う必要があるので、情報の更新スピードがどうしても遅くなります。また情報の秘匿性という意味でも、パブリック型は、暗号化された情報とはいえ、全世界のすべてのノードに情報が共有されますが、プライベート型は当然、管理主体の手元にあるノードだけで情報の共有は完結します。

　近年注目されているのが、このパブリック型とプライベート型の中間に位

置するコンソーシアム型といわれるブロックチェーンです。コンソーシアム型は管理者を置くのですが、一人には限定せず、複数のノード参加者が共同で管理する形式をとります。実際の例としては、自動車メーカーで、グループのサプライヤーとともにコンソーシアム型チェーンを組成し、そこで部品や中古車の情報を共有する取組みを行ったケースがあるようです。また、ゼネコンによる建築資材管理のためのコンソーシアム型チェーンを研究開発した例も伝えられています。いずれも、共有データベースとしてのブロックチェーンの使い方という整理ができます。

このほかにブロックチェーンを支える技術としては、P2Pネットワークや暗号化技術、スマートコントラクト、コンセンサスアルゴリズムがあります。

P2P（peer-to-peer）ネットワークとは、従来の「クライアント＝サーバー型」と異なり、特定のサーバーやクライアントをもたず、各ノードが対等に直接通信するネットワーク構造のことです。暗号化技術には、公開鍵暗号方式による電子署名や、一方向にしか変換ができない特徴を活かして過去の取引情報ファイルを数値化するハッシュ関数などが使われています。スマートコントラクトは、ブロックチェーン上で特定の条件を満たすと自動的に起動するプログラムのことで、これのおかげでブロックチェーンはprogramableなシステムなどと表現されます。

コンセンサスアルゴリズムとは、先ほどの「合意形成」に係る具体的なルールのことです。代表的なものとして、Proof of Work（以下「PoW」という）、Proof of Stake（以下「PoS」という）、Proof of Authority（以下「PoA」という）の三つがあげられます（**図表2－15**）。

PoW（Proof of work）とは、Bitcoinのネットワークでも採用されている代表的なコンセンサスアルゴリズムです。PoWの概念は、その名のとおり「仕事量による証明」であり、「取引データ＋前ブロックのハッシュ値＋ナンス値」から新規のブロックのハッシュ値を求め、そのハッシュ値を「先頭に一定数以上のゼロが連続して並んでいる（Difficulty Target・閾値）」状態にするようなナンス値を計算で求めることを意味しています。ハッシュ関数は、

図表2-15　コンセンサスアルゴリズムの代表例

PoW	Bitcoinおよび当初のEthereumに用いられていた仮想通貨の原点ともいえるアルゴリズム。直訳すると「仕事の証明」で、マイニングに参加しているマイナーは全員で取引データが格納されたブロックを既存のブロックチェーンに接続する権利をかけて一方向性をもつハッシュ関数の暗号問題を解き、最も速く答えを導き出した人が他の全員に答えを共有し、他のマイナーから承認を得た場合、正しいブロックの追加権利とマイニング報酬を得られる仕組み。消費電力問題と51％問題がある。
PoS	保有量と保有期間に応じた確率で報酬が支払われる構造。通貨保有量が多いマイナーほど取引の承認権を得やすくなる仕組みのため、PoWの問題点として懸念されていた51％問題への耐性がある。さらにPoWとは異なりマシンパワーを用いたマイニングを行わないため、環境への配慮もされている。流動性が低下する問題がある。
PoA	直訳すると「権威の証明」となり、その名のとおり信頼された参加者のみがブロック生成の権利をもつコンセンサスアルゴリズム。validator（マイナーと同義）は、トランザクションの検証とともにブロックを生成するために、自分の身元を自ら公開させることで信任を得たうえで参加する。validatorは不正を働くと信任を失うこととなる。

（出所）　筆者作成

一方向の関数で、入力値から出力値を求めることはできますが、出力値から入力値を計算することはできません。

　PoWを行うためには、ナンス値にさまざまな数値を入力し、ブロック全体のハッシュ値を総当たり方式で求める必要があります。最速で導き出されたこの計算結果について、新しい取引データとしてブロックチェーンに追加されていきます。そしてこの計算を最初に成功した人には、成功報酬が与えられます。このプロセスをマイニング（採掘報酬）と呼んでいます。この作業には膨大なコンピュータリソースが必要となり、その必要投資によって悪意の攻撃者による改ざんをきわめて困難にしています。その一方で、この暗号解読問題を速く解けるかどうかがコンピュータの計算能力にかかっているため、世界中の参加者が大量に電力を消費するマシンを使ってこの問題に取り組んでいます。これが一国の電力消費を上回るということで、近年ではア

ルゴリズムそのものが問題視されています。ただ、PoWは、Bitcoinのようなネットワークを維持するために、とても重要な役割を担っています。

　PoS（Proof of Stake）は、直訳すると「資産保有による証明」という意味であり、コインの保有量（Stake）に応じて、ブロック承認の成功率を決めることを基本としています。PoWが、保有する計算能力を表す仕事量（Work）が大きい人ほどブロック承認の成功率が高いことに対して、PoSは資産保有量（Stake）が大きい人ほどブロック承認の成功率が高くなります。大量のコイン（資産）をもっている者は、自身が保有するコインの価値を守るべく、システムの信頼性を損ねるような行動をとることはしない、という発想に基づいた、チェーンの信頼性の確保方法です。PoSの場合、PoWのように膨大な電気代やマイニング機材の取得コストが不要なことがメリットとしてあげられます。一方で、通貨を大量に保有している人ほど報酬が得られて有利な状態になるため、すでに通貨を保有している人にはこれを手放すインセンティブが働きにくくなります。結果的に通貨の流通が阻害、流動性の低下が懸念されるといわれています。

　PoA（Proof of Authority）とは直訳すると「権威の証明」となり、その名のとおり信頼された参加者のみがブロック生成の権利をもつコンセンサスアルゴリズムです。PoWではマシンパワーを、PoSでは保有する仮想通貨の量を、それぞれProofとして差し出していましたが、PoAではIdentityを差し出します。「Identityを差し出す」ということは、ブロックを生成する権限を得る対価として自分の身元を自発的に明かすということで、自身の身元を自ら公開することでvalidatorが不正を働くインセンティブを排除する仕組みです。欠点はvalidatorの数があまりにも少ないと、validatorをねらえば簡単に乗っ取りができてしまうという点になりますが、ある程度の人数を確保していれば、一人や二人のIdentityが盗まれてなりすまされても、それだけでネットワーク全体を乗っ取ることは不可能です。Ethereumでも、testnet環境ではこのアルゴリズムが長年にわたり用いられています。

２．ブロックチェーンの特長とユースケース

　技術的な説明に続いて、次にブロックチェーンが実現する機能の特長を紹介します。主に、①トレーサビリティ、②情報共有、③ゼロダウンタイム、④データ改ざんが困難、⑤低コストの５点があげられます（**図表２−16**）。

　このうち③は、ブロックチェーンがP2Pネットワークから構成されることに起因します。特定のノードが故障したとしても、他のノードが稼働している限り、ブロックチェーン全体が止まることはありません。また、特定のノードを経由する通信ルートが途絶えたとしても、P2Pネットワークの特性上、他のノードを経由することで接続を維持できます。たとえば、**図表２−13**のケースでは、投票所１と投票所２の間の通信回線が切断されても、投票

図表２−16　ブロックチェーンが実現する機能

①トレーサビリティ	異なる事業者間でデータを共有することが可能で、改ざんが困難な仕組みであるため、信頼性の高いトレース機能を提供可能。
②全員で情報を共有	ネットワーク上にある複数のノード（端末）で、同じデータを保存する仕組み。すべてのノードがブロックの内容を検証したうえで、問題なければそれぞれのノードに同じデータが保存される仕組み。
③停止しにくい	ネットワーク上にある複数のノード（端末）でデータを分散管理するため、一部のノードが故障しても、他のノードが正常であれば、ブロックチェーンは停止することなく、すべての処理が続行される。
④データの改ざんが困難	ネットワーク上にある複数のノード（端末）で、全体の整合性を保ちつつ、データを分散管理するため、従来のような、すべての情報を集中的に処理・記録する中央集権的なサーバーを必要としない。１カ所のノード改ざんには意味がない。
⑤低コスト	分散台帳技術によりバックアップや冗長化が不要。また、プログラムがオープン化されていることから、すでに実運用実績があるトラブルのないプログラムを採用できるため、トータルコストを抑えられる。

（出所）　筆者作成

所1から投票所3を経由して投票所2とのアクセスを維持できます。これは、おおむね半数以上のノードや通信回線がダウンしない限り、ブロックチェーンが停止しえないことを意味します。

　また⑤の低コストについては、ブロックチェーンがそれ自体に複数のデータのコピーをもっており、バックアップとして別のブロックチェーンを用意する必要がないこと、Ethereumに代表されるブロックチェーンはオープンソースで開発されており、活発な開発コミュニティにて稼働実績のあるプログラムを多数利用可能であることが、低廉なメンテナンスコストの背景としてあげられます。

　では、ブロックチェーンは、現在どのようなシーンで実際に利用されているのでしょうか。具体的なユースケースをみたのが**図表2－17**です。ここでは、代表的なものをいくつか紹介します。

　最大のユースケースはなんといっても暗号資産（仮想通貨）ですが、このほかにも金融では、STO（Security Token Offering）、クラウドファンディングなどで利用されています。為替送金の事例では、日本とナイジェリアの間の決済で活用事例が出てきています。どちらの通貨も基軸通貨というわけではなく、また米ドルで取引するにも、ナイジェリアには銀行取引のない事業者がたくさんあります。そこで登場するのが暗号資産による決済です。日本の事業者がOKすれば、暗号資産による貿易決済が成立します。Ethereumであれば、商品の到着を確認したら直ちに送金するような仕組みも可能です。programableというブロックチェーンの特徴を活かした決済システムであり、また、間に第三者を立てることなく、エスクローと同じような安心・安全な取引を実現します。これは、ブロックチェーンによるフィンテックそのものといってよいでしょう。

　ポイント・リワードという分野では、地域通貨・地域ポイントが少しずつ姿を現しています。

　有名なところでは、岐阜の「さるぼぼコイン」があります。さるぼぼコイン自体は、ブロックチェーンを使ったものではありませんが、ブロックチェーンに基盤を置き換えると、他の暗号資産との交換が技術的には可能に

図表2-17　ブロックチェーンのユースケース

金融系
- 暗号資産（仮想通貨）
- 為替・送金
- 証券取引（STO）
- クラウドファンディング

公共
- 議会投票
- 選挙
- 地域コイン
- ふるさと納税

商流管理
- サプライチェーン
- トラッキング管理
- マーケットプライス
- 貿易金融

ポイント・リワード
- 地域ポイント
- プリペイドカード
- アーティスト向け応援寄付

認証
- デジタルID
- デジタル証券
- 大学等の卒業証明書
- 薬品の真贋証明

データベース
- 共有データベース
- ゼネコン
- 保険情報

資産管理
- 暗号資産による資産管理
- デジタル証券
- 土地登記等の公示

NFT・コンテンツ
- アート作品利用権
- デジタル書籍
- デジタルトレカ
- ゲーム上のアイテム売買

医療・シェアサービス
- 医療カルテ
- 調剤薬局在庫共有
- カーシェア
- 民泊

（出所）　筆者作成

なるなど、いま以上にさまざまな使い方ができることがわかっています。

　また商流管理でも多くの活用事例がみられます。先述の自動車のケースのほか、中国では、野菜の流通において、どの生産者の手によるものなのかなど、トレーサビリティの確保にブロックチェーンを活用する事例が出てきています。このほか欧州では、医療のカルテや調剤の管理にブロックチェーンが使われ始めています。

　これらのユースケースで実際に稼働しているブロックチェーンは、大きく分けると三つあります。一つはBitcoinに代表される決済特化型ブロックチェーン、一つはEthereumに代表されるインフラ型ブロックチェーン、も

う一つがHyper Ledger Fablicに代表される専用システム構築型ブロックチェーンです。このうち決済特化型は文字どおり、暗号資産としての利用に特化したものです。そして専用システム構築型は、主にプライベート型のブロックチェーンをシステムとしてつくりこむ目的で使われるもので、日本でもいくつかの取組事例があります。ブロックチェーンの機能は実現するものの、つくりこみの要素が多く、オープンソースのメリットも生きないため、ブロックチェーンの特長の一つであるローコストなシステムにはあまりならないようです。

　ブロックチェーンの特長を最大限に活かしているのが、インフラ型ブロックチェーンであり、そのなかでも断然多くの利用実績を誇るのがEthereumです。暗号通貨のETH（イーサ）は、このブロックチェーン上での手数料の支払いに使える通貨というのが本来の役割なのですが、すでに時価総額で30兆円を超えるような価値で取引されており、Bitcoin（BTC）に次ぐ暗号資産としての地位を占めています。

　Ethereumは暗号資産そのものを指す言葉ではなく、もともとは分散型アプリケーション（DApps：de-centralized applications）のことを意味します。Bitcoinは最初から通貨としての運用を意図してつくられていますが、DAppsをルーツとするEthereumは、ブロックチェーンのなかに、「いつ、誰が、誰に、いくら支払った」といった通貨としての基本的な取引情報に加えて、さまざまなアプリケーションプログラムを記録・実行できる、スマートコントラクトと呼ばれる機能を備えています。スマートコントラクトは、企業間の重要な契約やサービスの売買など、多くの事業取引に応用できる非常に拡張性あるシステムとして期待されています。

　つまりEthereumは、あらゆるアプリケーションの開発や実行が行えるシステムプラットフォームそのものであり、暗号資産のETHと組み合わせることで、新しいインフラとして活用可能なのです。このように、開発プラットフォームとしての用途をメインとする点こそが、Ethereumが多くのブロックチェーンと一線を画す理由です。

3．フィンテックとブロックチェーン

　最後に、フィンテックとしてのブロックチェーンの今後の可能性について、DeFiとNFTという二つのユースケースをもとに紹介します。

　一つ目はDeFiです。DeFiとは分散型金融（de-centralized finance）の略で、主にEthereumのスマートコントラクトの機能を利用してつくられたアプリケーションを通じて実現する、新しい金融サービスのことを指します。

　DeFiではお金の流通に際して、中央に位置する仲介業者の存在を前提とせずに、ダイレクトに決済されます。何かを購入する場合に、クレジットカード番号を聞かれたり、銀行振込みを要求されたりすることはありません。「ウォレット」といわれる、ブラウザ上でETHの決済を行うためのアプリケーションの操作だけで、あらゆる決済処理が完結します。その取引総額は全世界で1,000億ドルを超えたともいわれています。DeFiの具体的なサービスとしては次のようなものがあげられます。

(1)　分散型取引所（de-centralized exchange：DEX）

　ユーザーを直接つなげ、ユーザー同士が暗号資産を直に取引します。仲介業者を信頼してお金を委ねる必要はありません。代表的なものとしてuniswapがあります。

(2)　レンディング（貸付）プラットフォーム

　スマートコントラクトを使うことで、貸し手と借り手が直に貸借取引を行う市場です。銀行などの仲介業者を排除したプラットフォームです。有名なサービスとしてはcompoundがあげられます。

(3)　Wrapped Bitcoin（WBTC）

　BTCを裏付け資産とするEthereumトークンです。Ethereum上のDeFiアプリケーションを通じてBTCをEthereum上の通貨として使うための代表的手法です。たとえば、ユーザーは前述のレンディングプラットフォームにWBTCを貸し出し、借り手が支払う利子をETHで受け取ることができます。

もう一つが、2021年大きな注目を集めたNFTです。NFTはNon-Fungible Tokenの略称で、現在市場が急激に拡大しています（15億ドル超）。NFTを直訳すると「代替性のないトークン」という意味ですが、これは、個々のトークンに固有の値をもたせることで、かわりの効かない唯一のトークンとなります。一言でいうと、デジタルなものへの「所有権」を証明する仕組みがNFTです。

　たとえばNFTが使われているゲームでは、同種類のキャラクターやアイテムであっても、それぞれレベルやステータスなどの数値が異なる仕様となります。特にデジタルの世界だけで完結するゲーム、動画、制作物との相性がよい仕組みです。また、ユーザー同士がマーケットプレイスでNFTを売買することも可能です。NFTは固有の値をもってどこまでも追跡可能ですから、たとえば、セカンダリー市場でも原作者に対して譲渡価格の一定割合をバックするような仕組みも、技術的には実現可能です。

　NFTを一躍有名にしたのが、NBA（全米プロバスケットボール）の人気選手の画像や動画をNFTにして取引するサービスの「NBAトップショット」です（図表2－18）。

　NFTのもとでは、ある動画や画像に対する持ち主の権利が、ブロックチェーン上のデータを通じてNBAによって保証されています。

　リアルの分野との融合という意味では、実物の絵画にも、NFTをデジタ

図表2－18　NBAトップショット

レブロン・ジェームズのダンク動画
取引額－約2,270万円

（出所）　https://nbatopshot.com/

ル証明として物理的に付与して取引するような取組みも始まっています。また、スポーツ選手やチーム、アーティストなどの「ファント・クン」というかたちでも急激に広がっていくことと思います。

【鼎談】フィンテック時代の通貨について
経済学的に考察する

明治大学　飯田　泰之

駒澤大学　井上　智洋

立教大学／公認会計士・税理士　前田順一郎

1．暗号資産の経済学的分類

前田　今日は気鋭の経済学者である飯田泰之先生と井上智洋先生のお二人をお招きしています。お二人とも必ずしもフィンテックの専門家というわけではないと思いますが、経済学的な視点で自由に語っていただけたらと思います。

　やはりフィンテックと経済学という意味で気になるのはデジタル通貨や貨幣についてのお話です。暗号資産（仮想通貨）が普及しつつあり、一方で日銀はデジタル通貨の発行を本格的に検討している状況です。

　そういったなかで私が気になっている経済学的な論点は、はたして暗号資産といったものがもっと普及してきた場合に金融政策がどうなってしまうのだろうか、という疑問です。要するに、いままで経済政策として金融政策というものが非常に重要だったと思うのですが「暗号資産が普及したときに金融政策が効くのか効かないのか」という問題です。また「自国通貨を発行する権利のある国はデフォルトしない」という話がありますが、たとえば暗号資産がさらに普及し通貨の中心となっていた場合に、この話はどうなってしまうのだろうか、といった疑問もあると思います。こういった点に関して、金融政策が専門の飯田先生はいかがでしょうか。

飯田　まずは、暗号資産と金融政策との関係を考えるときに、貨幣の特性について2×2の整理をすることからはじめてみましょう。その際の対立軸

となるのが通貨を集中管理するのか、分散管理するのかという軸と、もう一つペッグ制かフロート制かという軸です。

たとえば、「集中管理のペッグ制」というのは歴史的には金本位制、さらには固定相場制です。また、最近ではSuicaなどのいわゆる現在日本で使われている電子マネーも、日本円に対して一対一でリンクをしていて管理は集中的に行われているわけですから、一種の集中管理のペッグ制の支払いツールであるといえます。

一方で、この対局にある「分散管理のフロート制」というのが、ビットコインやイーサリアムのような暗号資産です。「集中管理のフロート制」の例は何かというと日本円がまさにそうです。最後に「分散管理でのペッグ制」という組合せがあるのかというと、たとえば米ドルとペッグした暗号資産である「テザー」があります。このように四つの分類ができ、縦横で2×2の**図表2−19**ができることになります。

この2×2のなかでいわゆるCBDC（中央銀行デジタル通貨）は、最終的な管理責任者が日本銀行などの中央銀行になるわけですが、これは運用において分散管理の技術を使いつつ、ペッグ制またはフロート制の通貨をつくる動きです。

僕自身はこれで、いわゆるビットコインやイーサリアムといった暗号資産が、先進国における通貨になる道がかなり閉ざされたのではないかと思っています。通貨が分散管理されていることのメリットは、スピードや手数料の安さ、トレーサビリティです。だからこそ、もしかしたら法定通

図表2−19　貨幣の意義

	集中管理	分散管理
ペッグ制	金本位制、固定相場制 Suicaなどの電子マネー	テザー
フロート制	日本円	ビットコイン、イーサリアムなどの暗号資産

（出所）　筆者作成

貨にとって変わるかもしれないといわれてきたわけです。一方で、法定通貨には国家権力がついています。これが最大のメリットでした。

　中央銀行デジタル通貨は、いわゆる国家権力をバックにしつつ、分散型管理の利点を使っていこうという話なので、ある意味では通貨の主権というものを中央銀行というか政府がしっかりと確保するための有効な手段になるはずです。

　これはどちらが早いかの競争になってきます。要は利便性が高い分散管理のビットコイン、イーサリアムないしはテザーかもしれませんが、こういった通貨が多くの人にとって貨幣になってしまう前に、中央銀行デジタル通貨がしっかりとローンチできたら、いわゆる旧来型の貨幣の価値を引き継いでいくということになるのかなと考えています。

2. 中央銀行デジタル通貨の経済学的意義

前田　日本でも日銀デジタル通貨の話が進んでいますが、中国でもデジタル人民元の開発が進んでいます。おそらくどこかの先進国で、中央銀行のデジタル通貨が先に完成して、ビットコインやイーサリアムの前に覇権を握っていくだろう、という予測をされているということですね。いま、中央銀行デジタル通貨の話が出てきましたが、そのあたり井上先生のご意見はいかがでしょうか。

井上　まず、すでに多くのお金がデジタルデータになっていることを理解しておくべきでしょう。われわれが銀行に預けたお金は全額金庫にしまわれているわけではなく、預金は銀行のコンピュータ上のデータにすぎません。なので、預金というお金も広い意味では「デジタル通貨」ということができます。しかし、狭い意味でデジタル通貨といったら、ブロックチェーンを用いたお金を指しています。中央銀行デジタル通貨やビットコインなどの仮想通貨は、この狭い意味でのデジタル通貨です。

　中央銀行デジタル通貨はさらに、「ホールセール型」と「リテール型」の二つに分類できます。われわれが民間銀行にお金を預けているのと同様に、民間銀行も中央銀行にお金を預けています。そうしたお金を「預金準

備」というのですが、預金準備のみを狭い意味でのデジタル通貨にするの
がホールセール型です。これは、セキュリティ強化や運用コストの削減に
なるというだけで、われわれの暮らしには直接影響はないでしょう。

　リテール型（一般利用型）は、われわれが日々使うお金である預金が狭
い意味でのデジタル通貨になるという話です。リテール型はさらに、「直
接型」と「間接型」に分けられます。間接型の場合、預金準備と預金の両
方がブロックチェーンベースになるというだけで、この場合もわれわれの
生活にはほとんど影響ありません。それに対し、直接型ではたとえば国民
全員が中央銀行に口座をつくるわけで、こういうのは「口座型」といいま
す。日本だったら日銀にわれわれの銀行口座があるわけです。それで私が
お店でお買い物をすると、私の口座からお店の口座に預金の振替えが起き
ます。このあたりは既存の口座振替えの仕組みと同じですが、日銀の口座
で振り替えられるところがこれまでと違っています。もう一つ「トークン
型」があるのですが、これはスマホアプリなどでお金を送り合う感じで
す。

　口座型であれトークン型であれ、直接型が導入された場合、民間銀行に
お金を預ける必要がなくなるので、これまでの銀行中心の貨幣システムが
大きく変革される可能性があります（**図表2-20**）。

前田　ありがとうございます。中央銀行デジタル通貨の議論についても整理
　していただきましてありがとうございました。日本で始まっている中央銀

図表2-20　デジタル通貨の分類

中央銀行デジタル通貨 （CBDC）	ホールセール型		
	リテール型	直接型	口座型
			トークン型
		間接型	口座型
			トークン型
仮想通貨	ビットコインやDiem		

（出所）　筆者作成

行デジタル通貨の議論では、おそらくホールセール型、つまりいまでもデジタル化されている日本銀行当座預金についてさらに高度化していこうという話は活発になされているようです。

　一方で、リテール型については慎重派が多いようですが、中国ではデジタル人民元が推進されています。日本銀行が直接、SuicaやPayPayといったものにかわるものを発行するといったことになるのでしょうか。

井上　もし日本銀行が直接デジタル通貨を発行してしまった場合に何が起こるでしょうか。いままでは金融政策というものが預金準備を含むマネタリーベースをコントロールすることによって間接的に世の中に出回っているマネーストック（マネーサプライ）をコントロールしてきました。ここが変わります。マネーストックというものを中央銀行が直接コントロールできるようになるわけです。

　そうすると金融政策のあり方というものが大きく変わってしまう可能性があります。いま、日銀の政策が行き詰まっているといわれることもあります。金利がゼロまで下がってしまっているので、これ以上何ができるかというと、マイナス金利をさらに深掘りするか、あるいはETFをたくさん買うか、といった選択肢しか残されていない現状にあります。

　そういった預金準備を増やしてマネーストックを増やすという間接的な方法ではなく、もっと直接に日銀がわれわれの財布にお金をつっこむことができるという話になってくるわけです。あまりに根本的な大転換になってしまうので、こういう未来が本当にやってくるのかわからないのですが、理論的にはありうる話です。たとえば経済学者の野口悠紀雄先生などがそう論じています

　いまの私の話とはまた別に、飯田先生がおっしゃったような民間が発行する暗号資産（仮想通貨）と法定通貨という対立があります。私は通貨というものは「プラットフォーム」だと思っています。

　プラットフォームは通常は国家が提供するものです。それがいまは「プラットフォーム企業」がプラットフォームを提供するようになっています。プラットフォームを提供するのは国家なのか、企業なのか、あるいは

企業以外の組織なのかという競い合いになっています。FacebookがDiem（旧Libra）の発行計画を発表したときに、デジタル人民元を発行しようとしていた中国政府と表立って対立しましたが、まさに象徴的な事件だったと思います。

3．通貨とは負債の記録でしかない

前田　通貨とはプラットフォームであって誰がプラットフォームを提供するかという話について大変興味深かったのですが、たしか歴史的には米国においては貨幣を銀行が発行していた時代が長かったと思います。そういう意味では民間部門がプラットフォームをつくるが、最終的には国家が管理するように変化していくという流れも考えられるということでしょうか。

井上　そのとおりです。「フリーバンキング」といいまして、米国に限らず英国も日本も民間銀行がそれぞれお札を発行していた時代があります。いまでいうと、みずほ銀行がみずほ紙幣を発行するといったようなイメージの時代が長かったわけです。特に米国はご指摘のとおり、かなりフリーバンキングの時代が長くありました。米国でいえばこれをFRBが、日本でいえば日本銀行が統合していったということです。

前田　先ほど、井上先生の話のなかで「預金も広い意味ではデジタル通貨である」という話があったと思います。これはすごく面白い発想だなと思ったのですが、実務的には同じようなことを私も感じています。帳簿の世界でも売掛金と買掛金が両方バランスシートに載っています。別にお金が動いているわけではないのだけれども、帳簿上は両方債権と債務が載っているわけです。これは超広義な意味では「デジタル通貨」といえるのかもしれません。

　何も動いていないけれども頭のなかでは経営者は間違いなくお金を認識しているわけです。考えてみればメーカーが卸売業者に売った場合の売掛金の性質と、預金者が銀行に対して預けている預金の性質とは本質的にはあまり変わりません。どちらも同じ債権債務関係ですから、そういう意味では売掛金もデジタル通貨だというふうに考えられるのかなとも思うので

す。

井上　結局「通貨というものは負債の記録でしかない」という考え方が、ま
さに最近話題になっているMMT（現代貨幣理論）の話です。MMTが全体
的に正しいのか正しくないのかは別として、通貨が負債の記録でしかな
い、という部分についてはおよそ事実でしょう。「およそ」といったの
は、ビットコインなどの仮想通貨は、負債の記録ではないからです。なの
で、ＭＭＴはビットコインを通貨とみなさないのですが、私は通貨として
の性質はある程度満たしていると思っています。

４．デジタル通貨が普及すると金融政策はどうなるのか

前田　「デジタル通貨が普及していくと金融政策をコントロールできなくな
るかもしれない」といった懸念はよく指摘されるのですが、現在において
もすでに債権債務関係はいろんなところで発生しています。世界中集めれ
ば天文学的な量の債権債務関係があって、それらがすべて広い意味での通
貨だと考えるのであれば、日銀の預金準備を少し操作してもその影響はト
リビアルなものであり、なかなか金融政策が効かなくなってしまうのでは
ないか、というようなイメージ感を実務的には感じます。

　　飯田先生は大胆な金融緩和の必要性を主張しアベノミクスの１本目の矢
の理論的な部分を支えた方でもあるのですが、なかなか金融政策がうまく
いかない部分があったのも事実かと思います。その原因はもしかしたら、
ほぼ無限に存在する債権債務関係が、広い意味での通貨と認識されてお
り、通貨の量をコントロールしても、その何億倍、何十億倍もの債権債務
関係が経済の実務のなかにはあるからなのかな、というイメージを私は
もっているのですが、経済学的にはこういった理解はあっていますか？

飯田　そのようなイメージが形成される理由の一端は経済学教育にあるで
しょう。いわゆる大学のマクロ経済学で教えるIS-LMモデルというのは、
マネーの量をコントロールすると教えます。ただ、実務的に中央銀行がマ
ネーの量をコントロールしたことは、過去ほとんどなくて、基本的には金
利をコントロールするわけです。これに対して、最近主張されている非伝

統的金融政策の場合には「将来金利がどうなるのか」をコントロールします。つまり「期待」をコントロールするのです。

　全体に占める、いわゆる「ベースマネー」すなわち日銀が直接手を触れることができるマネーの割合が低く、マネーの多くは預金であるという点は戦前から指摘されていたところです。だからこそ、いわゆる「ポストケインジアン」と呼ばれる人たちは「金融政策は無効である」という議論に親和的になるのです。

　もう一つ私が重要なポイントだと思っているのは、デジタル通貨というのは、たとえばキャッシュカードとかSuicaとかdポイントとかとそれほど大きく異なるものではない。本質的に従来の決済手段と異なるものではないと認識しています。いずれも発想としては小切手帳をすごく便利にしたものといったようなものであり、利便性の量的な意味ではまったく違うものにみえるけれども、本質としては小切手帳がきわめて便利になりましたといったものに近いと思います。

　だからこそ、金融政策が効くか効かないか、という議論において本質的なことは、いわゆる政府じゃない民間部門が分散的に管理する暗号資産が出てくること、こちらが私は本質的なことだという気がしています。

井上　私が最近考え始めているのが「通貨防衛論」というもので、三島由紀夫の「文化防衛論」をもじっています。これは「いかに円という通貨を守っていくのか」という話です。われわれはもしかしたら将来、デジタル人民元を使うようになっているかもしれないし、あるいはFacebookなどの民間企業が発行する通貨を使うようになっているかもしれません。

　特に影響が大きいと考えられるのは、Amazonが通貨を発行した場合でしょう。GoogleやApple、Facebookと違ってAmazonが営むのは小売業です。Amazon通貨ができて、Amazonで買い物ができるということになったら、あっという間に広がってしまうのではないかと思うのです。

　私自身もAmazonのヘビーユーザーなのですが、Amazon通貨というものが円よりも多く使われる状況になった場合に、金融政策として円の量を減らしたり増やしたりするということに大きな効果がなくなってしまうと

いうことになるわけですよね。

　ですから他の国が発行するデジタル通貨から円を守らなければいけない
し、民間企業が発行する通貨からも守らなければならない。いや、守って
いるだけではダメで、攻めの姿勢でいかないとダメなのでしょう。

　中国政府はそれを考えているのだと思います。デジタル人民元をより便
利なものとして普及させることによって中国のデジタル人民元経済圏をつ
くろうと思っているようです。日本がどこまでそういうことができるのか
というのは未知数ですけれども、円というものを早々とデジタル通貨にし
てしまい、「円の使い勝手がとてもよい」という状態にしていかないと、
円というものがこの世からなくなってしまうかもしれません。私自身はそ
んな危機感を抱いています。

5．発展途上国にとっての暗号資産の魅力

前田　最終的には法定通貨というのは徴税をするときにどの通貨で納税する
権利を認めるか、ということにかかっているということだと思います。国
家権力を背景に国家は徴税権を有しているわけですが、税金を円で納める
ことができるからこそ円が法定通貨であるわけです。ドルをずっと同じ額
で保有していても円ベースで売却益が出れば利益として課税されます。
ビットコインやイーサリアムでも同じで、円ベースで売却益が出れば課税
されるのです。

　その売却益の尺度（モノサシ）はあくまで円です。私はこれが法定通貨
の究極的な意味だと理解しています。国がビットコインなりAmazonの通
貨なりで税金を払ってもいいよと認めざるをえないような状況になった瞬
間に、国としては通貨の供給量をコントロールする政策を講じることはで
きなくなってしまうのだろうということは想像できます。

　ただ、そういった場合に、何か危険性があるのかな、ということは本能
的には理解できるのですけれども、一方で本当にダメなのだろうか、とも
思います。本当にビットコインやAmazonの通貨での納税を認めたら危険
なのだろうか。別にビットコインやAmazonの通貨で納税してもいいじゃ

ないか、という考え方もあるのかもしれません。そのあたりはいかがでしょうか。

飯田　それが発展途上国で何度も起きている「ドラリゼーション」と同じ現象かと思います。自国の中央政府が信頼を失った際に、発行した通貨を誰も使わない、誰も受け取らないという状況になることがあります。通貨が単なる「紙切れ」にすぎなくなってしまうことで「ハイパーインフレーション」が生じ経済は混乱します。そんなときに、中央政府自身が自国通貨をあきらめ、ドルを法定通貨にしてしまうことがあるのです。これを「ドラリゼーション」といいます。政府自身が「みんなドルで納税してくれ」と言い始めてしまうわけです。

　まさにその暗号資産バージョンの懸念というと理解しやすいかもしれません。私はビットコインやイーサリアムなどの暗号資産は、発展途上国の共通通貨になる可能性があると思っています。

　多くの発展途上国は、自国通貨に信用力がないことから最終的にドラリゼーションが起こるケースが憂慮されます。しかしドラリゼーションには問題があります。何がまずいかというと、米国となんらかの理由で対立したときに、米国から完全な金融封鎖を受けてしまうリスクがあるのです。国内通貨がドル化してしまったときに米国と対立してしまうと、特に南米の発展途上国などは米国と対立することも多々あるので、金融上のすべての機能を停止させられてしまいます。

　先般、エルサルバドルがビットコインを法定通貨にすることを発表しましたが、これこそまさにその象徴的な例です。エルサルバドルも米国と対立する可能性がある発展途上国ですが、自国通貨の信用力で自国の経済を安定させるのが到底無理な場合に、何を価値の拠り所にするのかと考えた際に、ドルよりもビットコインやイーサリアムのほうがよいだろうという発想が自然に出てきます。

　では日本ではどうでしょうか。実は日本円は世界で三番目に準備通貨として保有されています。1位が米ドル、2位がユーロ、3位が英ポンドか日本円のどちらかです。日本政府の財政の議論はよく出てきますが、日本

円が信頼を失うという状況は想定できません。実をいうとデジタル通貨分散型管理の中央銀行発行通貨というものを早めにつくることができれば、さすがにドルに勝つのはむずかしいと思いますが、日本円は少なくとも人民元よりは現時点では有利な立場にあります。

　日本では少なくとも現状において、ビットコインやイーサリアムを法定通貨にしようという議論は出てこないでしょう。一方で、中央銀行デジタル通貨の議論は積極的に進めるべきではないかと思います。

前田　いままで発展途上国では、ドルペッグといって、ドルと連動させる貨幣を発行することで自国通貨の信用力を守ってきたのが主流だったのだと思いますが、もしかしたらこれからはビットコインやイーサリアムといった暗号資産がペッグの対象になっていくのか、ないしはビットコインやイーサリアムそのものを法定通貨にしていく流れができてくるかもしれない、というご指摘ですね。大変興味深い議論です。これは南米以外でも進む可能性がありますか。

飯田　はい。特にアフリカ諸国は、軍事援助、武器支援の関係があって中国と離れられない国も多くなってきています。仮に米国と中国が対立したときに、アフリカの各国もそういった対立に巻き込まれたいとは思ってはいないでしょうが、かといって中国からの軍事援助や武器支援がなくなってしまったら、国内で民族紛争に負けてしまうといった懸念をもっている国家も多くあると思います。

　中国と離れるわけにもいかないけれども、一方で米国に金融封鎖をされてしまったとたんに全金融が止まるような脆弱なシステムだと、それはそれで困るわけです。そうするとビットコインやイーサリアムといった暗号資産に価値の拠り所を求めたいという発想は当然に出てくると思います。

6．GAFAが一つの国家をつくる時代が来るのか

前田　お金だけの問題ではなくて外交や防衛の話も含めた国家的な観点からも通貨を考えるという視点が出てきました。大変興味深いところです。国家という意味で考えると、たとえばGAFAなどはあらゆるサービスを提供

するプラットフォームを構築しようとしています。そうすると、ややサイエンスフィクション的な議論かもしれませんが、極論すれば現在の国家感を超えて、GAFA自体が、現在政府により提供されているサービスを自ら提供してしまうといったことも考えられるのかもしれません。端的にいえば、たとえば「Amazonが一つの国家になりうるのか」ということかもしれまんが、そのあたりはいかがでしょうか。

井上　GAFA 4社の年間売上げが、ギリシャの国家予算よりも大きいといったような規模になってきています。さらに規模だけでなくGAFAの場合にはプラットフォームという人々の生活の基盤になるようなサービスを提供しているわけです。政府や自治体が提供していてもおかしくないようなインフラを、デジタル・ITの世界では一企業が提供してしまっています。

　国家から反乱分子としてにらまれたら警察に捕まってしまうという国も世界にはありますが、Googleに「井上はわれわれの敵だ」と思われて「今後はGoogleのサービスをいっさい使わせない」ということになったら、結構生きていくのも大変になる可能性があります。GmailとかGoogleの検索エンジンを使わずに仕事をすることはなかなか厳しいものがあるので、そういう意味では国家と同じくらい人々の生殺与奪の権を握ってしまっているような気がします。

　もちろん、過去においても米国で電話事業をAT&Tが独占するといったこともありましたが、ここまでのプラットフォームを国家に変わって一企業が握るようになったことは歴史上あまりなかったと思います。プラットフォームの場合には「ネットワーク効果」といって利用者が多ければ多いほど利便性も増していく効果があります。したがって、どうしても独占になりやすいわけです。Googleの検索エンジンも利用者が多ければ多いほど検索の精度が上がっていきますし、FacebookのようなSNSも利用者が多ければ多いほど利便性が増していくわけです。プラットフォーム事業はそれがゆえに国家のような大規模な事業になっていくわけです。

　GAFAは国家と異なり私企業ですので、個々人の権利を無視して暴走をする可能性もあるのです。少し言い方は失礼かもしれませんが、私企業と

はそういうものです。今後GAFAが国家にかわる役割を一定程度担っていくとしても、どうやってその行動を国家としてコントロールしていくのか、ということは大きな課題であるといえるでしょう。そして、同じことが通貨に関しても当てはまる時代が来ているといえるのかもしれません。

7. 金融業を日本の成長産業にするために

前田 最後にフィンテックとの関連で金融業を日本の成長産業にしていくにはどういう観点で考えていく必要があるのか、どうあるべきなのだろうか、といったことについて少しだけご意見を伺えたらと思います。

飯田 わが国における金融業の果たすべき役割は非常に大きいと思います。現在の日本の国際収支をみればわかるのですが経常収支の黒字の9割程度、年によっては100%以上が一次所得収支という項目からできているのです。一時所得収支を構成しているのは、一つは海外子会社利益、もう一つがいわゆる間接投資の運用実績です。

　日本という国はもはや商品を売って稼いでいるのではなくて、海外にお金を貸すか直接投資をするかによって稼いでいるということになります。これを具体的に扱うのが金融業です。日本の金融業が扱うことができるのであれば、まるまる海外からあがった成熟債権国としての利益は、すべて日本のものになるはずです。一方で、これが海外の金融機関や銀行に取られてしまう可能性もあります。

　やはり海外にどうやって投資していくのか、その手助けをしていく金融機関、金融業というのが大事であるとは思います。

井上 私は「頭脳資本主義」がやってくる、ということをよくいっているのですが、要するにこれからは頭脳で稼ぐ時代であって、一国のGDPとか企業の売上げや利益を決定するのは労働者の頭数ではなく労働者の頭脳のレベルになってくるだろうと思うのです。

　つい先日もある会社の社長さんと対談をしたときにこんな話をしました。これから頭脳の価値が上がっていくとして、資本の価値は下がっていくのかということを聞かれたのですが、資本の価値はむしろ上がっている

と思います。

　労働分配率と資本分配率があるわけです。古い言い方ですが、労働者の取り分と資本家の取り分があって、資本家の取り分が上がってきています。それが数年前にフランスの経済学者トマ・ピケティが指摘したことです。

　そして現在では、頭脳と資本が結びついて、一方ではIT分野などで新しい技術を生み出し、もう一方ではファイナンス分野の発展をもたらし、資本主義をドライブさせる原動力となっています。

　だからITとファイナンスの両方に強くないと、これからの日本はダメだろうなと思うのです。ただファイナンスに関する教育というのは日本ではほとんどやってきませんでした。日本人は金融に対する知識が圧倒的に不足しているということです。

　さらに、ITスキルもそれほど高くありません。ある調査によると主要国で日本の大人は国語の読解力や数学的思考力では世界１位です。でも、ITスキルになると10位以下と、かなり下がってきてしまいます。いまからでもかまわないので、このあたりを伸ばしていく必要があるかなと思っていますが、フィンテックをこれから日本の成長につなげていくといってもまったく人材がいないという話になってしまうのです。私自身教育者でもあるので、金融やITの素養のある人材をどう育てていくのかということもきわめて重要だと思っています。

前田　飯田先生のご指摘はまさにそのとおりだと思います。日本の金融機関にとってもやはり海外投資は特に重要なわけですが、ではそういった分野でフィンテックの活用がそれほど進んでいるという印象はありません。現在、フィンテックの活用は国内の金融取引がメインではないかと思いますが、これからはやはり海外投資にフィンテックをどう活用していくかが大きなテーマになってくると思います。たとえば、わが国の金融機関にとって言語の壁は障害になってきました。日本人は英語があまり得意ではないことが多く、海外の金融機関と国際市場で勝負する際のハンディになってきたわけですが、AIの活用で翻訳が瞬時にできるようになってきていま

す。こういった技術をいかに活用していくかは大きなテーマでしょう。

　井上先生にも大変重要な点をご指摘いただきました。これは金融やIT
に限った話ではありませんが、特に義務教育における教育カリキュラムに
ついては、国の未来を見据えたうえでバックキャスティング的に考えられ
ていないのではないか、と私はいつも思っています。わが国の教育カリ
キュラムは前例主義で決定されることが多いと思います。そうではなく
て、やはり10年後、20年後にどのような国を目指すのかという議論を出発
点として、だからこそこういった教育カリキュラムが必要なのだ、という
バックキャスティング的なアプローチで教育を徹底的に議論していくプロ
セスが必要ではないかと思います。

　本日は大変有意義な議論ができました。本当にありがとうございました。

第 3 章

ビヨンド・フィンテック時代の金融

ビヨンド・フィンテック時代の金融を考える前に

立教大学／公認会計士・税理士　前田順一郎

　第1章ではフィンテックとは何か、第2章では貨幣や決済におけるフィンテックの活用と決済の未来について考察してきました。決済をはじめとするあらゆる金融分野において、金融業への非金融機関の参入が急速に進んでいることが理解できたと思います。では、この大きなうねりのなかで金融業界はどう変わっていくのでしょうか。

　以前から「銀行なんて不要だ」というやや感情的な意見はありますが、少し冷静になって考えてみるところから始めましょう。第1章で瀧さんも述べていたとおり、銀行自体はきわめて重要な社会インフラです。「銀行」とひとくくりにいっても、さまざまな形態の銀行が存在しますが、ここではメガバンクが置かれている状況を眺めてみましょう。

　三菱UFJフィナンシャル・グループ、三井住友フィナンシャルグループ、みずほフィナンシャルグループの三つのメガバンクは顧客企業のグローバル化にあわせて海外進出を加速してきました。特に成長が著しいアジア地域への進出は多額の利益を生み出しています。最近では日系の海外子会社向け投融資だけでなく、非日系企業への投融資も増加しています。全銀協の資料によりますと、りそなを含めた都市銀行4行の合計で1兆円以上、全国の銀行98行で2兆円以上の連結当期純利益を記録しています（**図表3－1**）。

　個社の利益をみても、日本企業のなかで3メガバンクは上位に位置し、トップ50のうち13社が伝統的金融機関です。わが国において金融業は自動車産業や通信業と並ぶ収益性のきわめて高い業種であるといえるでしょう（**図表3－2**）。

　ちなみに1位のソフトバンクグループは2021年3月期で巨額の利益を計上

図表3－1　国内金融機関の収益

（単位：百万円）

	都市銀行 （4行）	地方銀行 （57行）	その他 （37行）	全国銀行 （98行）
経常収益	9,875,109	4,822,985	3,839,157	18,537,251
経常費用	8,402,460	3,934,037	3,291,914	15,628,411
経常利益	1,472,647	888,920	547,229	2,908,796
税金等調整前当期純利益	1,551,924	864,817	595,481	3,012,222
当期純利益	1,171,402	609,801	429,735	2,210,938

（出所）　一般社団法人全国銀行協会の「2020年度 全国銀行総合連結財務諸表」より筆者作成

していますが、ソフトバンクの決算は巨額の利益と損失の計上を繰り返しています。これはソフトバンクがアリババの筆頭株主であるなど、世界のテクノロジー企業への株式投資を経営の一つの柱としている結果です。

　時価総額ランキングをみても、伝統的金融機関は上位に食い込んでいます。9位のMUFGを筆頭に3メガバンクはいずれも50位内に入っています（図表3－3）。

　フィンテックの議論をしていると、日本の銀行はサービスが悪くてダメだとか、もはや銀行は不要であると説く人も多いのですが、少なくとも利益水準や株式時価総額という切り口では、メガバンクなどの伝統的な金融機関は、依然として日本経済を支えるきわめて重要なプレイヤーです。

　Too Big To Failという言葉があります。「大きすぎて潰せない」という意味です。現在のメガバンクをはじめとする金融機関はそのような状況にあります。わが国においては1990年代後半から2000年代前半にかけて起こった金融危機のなかで大手金融機関は合併を繰り返し、現在は各業種において事実上の寡占状態ができたといえます。

　私はToo Big To Failには二つの意味があると考えています。一つは文字どおり、銀行などが破綻の危機に陥った際に政府が資本注入等の措置をとることです。もう一つは、政府としても資本注入等の措置をとりたくはないこ

図表3－2　国内企業の当期利益トップ50（一部省略）

順位	名称	当期利益（百万円）	決算年月
1	ソフトバンクグループ	4,987,962	2021年3月
2	トヨタ自動車	2,245,261	2021年3月
3	ソニーグループ	1,171,776	2021年3月
4	日本電信電話	916,181	2021年3月
5	三菱UFJフィナンシャル・グループ	777,018	2021年3月
6	ホンダ	657,425	2021年3月
7	KDDI	651,496	2021年3月
8	三井住友フィナンシャルグループ	512,812	2021年3月
9	日立製作所	501,613	2021年3月
10	ソフトバンク	491,287	2021年3月

【50位までの伝統的な金融機関】

順位	名称	当期利益（百万円）	決算年月
12	みずほフィナンシャルグループ	471,020	2021年3月
16	第一生命ホールディングス	363,777	2021年3月
20	ゆうちょ銀行	280,130	2021年3月
29	オリックス	192,384	2021年3月
35	かんぽ生命保険	166,103	2021年3月
37	T&Dホールディングス	162,316	2021年3月
38	東京海上ホールディングス	161,801	2021年3月
40	野村ホールディングス	153,116	2021年3月
45	MS&ADインシュアランスグループホールディングス	144,398	2021年3月
46	SOMPOホールディングス	142,482	2021年3月
47	三井住友トラスト・ホールディングス	142,196	2021年3月

（出所）　筆者作成（2021年12月末時点）

とから、政策的に寡占化を進め銀行などが危機に陥らないように誘導することです。

図表 3 - 3　国内企業の株式時価総額トップ50（一部省略）

順位	名称	時価総額（百万円）
1	トヨタ自動車	34,351,206
2	ソニーグループ	18,254,159
3	キーエンス	17,579,051
4	リクルートホールディングス	11,824,233
5	日本電信電話	11,409,340
6	東京エレクトロン	10,419,939
7	ソフトバンクグループ	9,362,531
8	信越化学工業	8,299,923
9	三菱UFJフィナンシャル・グループ	8,299,919
10	日本電産	8,061,766

【50位までの伝統的な金融機関】

順位	名称	時価総額（百万円）
26	三井住友フィナンシャルグループ	5,419,110
34	東京海上ホールディングス	4,458,420
37	ゆうちょ銀行	3,955,770
40	みずほフィナンシャルグループ	3,714,923

（出所）　筆者作成（2021年12月末時点）

　この二つの効果により、わが国のメガバンクは暗黙裡に信用力を付与され、市場から相対的に低金利での資金調達が可能となると同時に、合併等により規模も拡大したことから寡占による利益も得ているといえるでしょう。

　さて、私がここで論じたいことは、こういった状況に置かれているメガバンクの経営者の目には「フィンテックといった新しい発想の技術革新がどのように映るのか」ということです。

　「もし、みなさんに銀行業務について語ってください」とお願いすれば、ほぼすべての人が預金や決済サービスについて議論すると思います。○○銀行の振込手数料は高いとか、いつもATMに人が並んでいて待たされるとか、インターネットバンキングのセキュリティ対策がめんどうだとか、そう

いったことに関心があると思います。

　しかし、銀行経営者や銀行関係者に「銀行業務について語ってください」とお願いすれば、融資や企画、人事について語り始めると思います。元銀行員の著者による小説を原作としたドラマ「半沢直樹」が大ヒットしましたが、あのドラマにATMやインターネットバンキングの話はいっさい出てきません。融資や人事、企画に関する話ばかりです。半沢直樹氏が「いま、預金システムに投資をし、顧客の利便性を高めないと、顧客から倍返しにあいますよ」とは発言しないのです。伝統的に銀行員は、融資や企画、人事に関心があります。

　それはなぜでしょうか。多くの関係者が、メガバンクの業務の主役は投融資であり、特に最近は海外の投融資が収益源である、という肌感覚をもっているのが現実だと思います。低金利下で預金の調達コストはきわめて低い状況です。預金や決済に力を入れても、利鞘は薄く、銀行の利益が格段に伸びるという肌感覚は銀行員にはありません。預金や決済の分野において最新のテクノロジーを活用することについても、重要なことではあるが銀行経営の最重要課題であるとは考えていないでしょう。

　わが国の銀行の経営者は「フィンテックが巨額の利益をもたらす」とは考えていないでしょうし、「日本のテクノロジー企業が大きな脅威だ」と感じる機会も少ないはずです。金融業について考えていく際に、こういった事実は必ず頭に入れておかなければならないと思います。

　ただ、それでいいのか、という話になると別です。第1章第2節の**図表1－2**で瀧さんが示したとおり海外の時価総額ランキング上位は、ほぼ米国により独占されており、いわゆるテクノロジー企業がずらっと並びます。そしてそれらの多くは、場合によっては金融業に参入するポテンシャルがあるプラットフォーム企業です。伝統的金融機関のなかで上位にいるビザやJPモルガン・チェースの数倍以上の時価総額がありますから、やろうと思えば伝統的金融機関を飲み込んでしまうことも可能です。

　7位は中国でWeChatを展開するテンセント、アリペイを展開するアリババは9位です。米国でも中国でも、テクノロジー企業が主導権を握って金融

を変革していく可能性が高い状況にあるのは間違いありません。しかし、もし日本の金融機関が、世界の金融の新潮流と伍して戦うのであれば、ライバルは本邦自動車会社でも本邦通信企業でもありません。

米国や中国のテクノロジー企業には金融業に参入するポテンシャルがありますが、日本にそういった強大な力をもった企業はまだ存在しません。結果として、日本の金融が世界の金融の流れから、どんどん取り残される可能性に危機感をもつ必要があるのだと思います。

そういった状況下で、わが国の金融は今後どうあるべきでしょうか。

本章では、リボーン合同会社の尾藤剛さんに銀行においてきわめて重要な業務であるローン審査へのAIの活用をテーマに説明していただきます。また、日本資産運用基盤グループの大原啓一さんには資産運用分野におけるフィンテックの活用について解説いただきます。さらにFinCity.Tokyoの有友圭一さんには東京都の金融都市構想を説明いただきます。そして最後に、私なりに考えた「ビヨンド・フィンテック時代」の金融の姿について、説明させていただきたいと思います。

ローン審査へのAIの活用

リボーン合同会社　尾 藤　　剛

　人工知能（AI）をビジネスに活用することが当たり前となった昨今ですが、銀行業務ももちろん例外ではありません。本稿では、銀行業務のなかでも法人向けの貸出業務において、AIがこれまでどのように活用されてきたか、そして昨今のAIブームともいえる状況下でどのような変化が起きているのか、また新たな課題として何が注目されているのかについて、17年以上にわたって銀行融資におけるリスク管理とAI開発にかかわってきた立場から、具体的な事例も交えて概観します。

1．銀行貸出業務におけるAI活用の現状

　最初に銀行の貸出業務を少しだけ説明しておきましょう。長引くマイナス金利とデフレ経済のもとで、つい最近まで、国内の銀行では貸出業務からあがる収益が減り続けていました。銀行は新たな収益源として、投資信託や保険をはじめとした金融商品の販売手数料や、M&Aの仲介手数料など、貸出以外のビジネスに活路を見出す動きを強めていますが、いまなお貸出による金利収入は多くの銀行にとって最大の収益源です。

　銀行の貸出は大まかに、個人向けと法人向けの二つに分けられます。私たちが住宅を購入する際に利用する住宅ローンや、一時的な支払いのために借りるカードローンなどは、個人向けの貸出業務に相当します。これに対して、一般にはあまりなじみがありませんが、銀行にとって収益的なインパクトのより大きいのが法人向けの貸出業務です。

　そして銀行は貸出の際に、相手が本当にお金を返すことができるのか、その返済能力を評価しています。これを貸出（ローン）の審査などといいます

が、審査は、銀行が鉛筆をなめて行うようなものではありません。

　というのも銀行は、預金者から預かった資金（預金）を、必要な際には全額お返しする義務を負った状態で、取引先に資金を貸し出します。預金に穴を空けるわけにはいかないので、貸出先の審査は慎重でなければいけませんし、不幸にして返せない相手に出くわす場面に備えて、あらかじめ資金をプールしておく必要があります。この将来発生するかもしれない貸倒れに備えてプールするお金を「引当金」といいます。引当金は銀行の決算に直接関係するため、客観的・定量的な審査の結果に基づいて計算されます。そして、個人向け貸出であれ、法人向け貸出であれ、審査は厳格なルールのもとに行われています。

　昨今、審査におけるAIの活用について、新聞やニュースで目にする機会も多いことでしょう。有名なところでは、みずほ銀行の個人向けローンであるJ.Scoreがあげられます。試しにJ.Scoreの申込みをするとわかるのですが、審査の参考情報として、収入だけでなく、趣味や住まいに関することなど、幅広いジャンルの質問を受けます。そこから得点が計算されて、最終的には、あなたはいくらまで借りられます、という審査結果を受け取ることになります。これはまさしくAIによる審査の一例です。

　J.Scoreの例もそうなのですが、最近の審査におけるAIの活用は、どちらかというと個人向け融資が中心です。これに対して、銀行にとって金額的なインパクトがより大きい法人向け融資について、最近のAIの活用状況にかかるニュースを取り出したのが**図表3－4**です。

　これによると、ニュースはいくつかあるのですが、あまりはかばかしい成果があがっていないようすがうかがえます。いくつかのメガバンクでのサービス開始が取り上げられているものの、内容をみると「AIが審査」といっているだけで、いままでの融資との違いがよくわかりません。マネーフォワード社のニュースに至っては、2020年8月にすでにAI審査による法人融資から撤退しています。このように、法人向け貸出については、AIの活用があまり進んでいないようにみえるのですが、もう少し正確にいうと、進んでいないとか伸びていないとかではなくて、いままでと変わっていない、と

図表 3 － 4　　金融機関におけるAIの活用例

段階	銀行	関連企業名	タイトル
サービス開始	三菱UFJ銀行	－	AI融資で金利優遇　新型コロナ対応（2020年 3 月18日）
サービス開始	みずほ銀行	－	中小企業向けの新しいレンディングビジネスへの取組み みずほスマートビジネスローンの取扱開始（2019年 4 月16日）
サービス開始	りそな銀行	－	AIが信用力審査　口座データをもとに中小向け融資（2019年12月25日）
サービス開始	－	損保ジャパン	企業の資金調達、保険で支援　AIにて融資可能額算出（2020年 6 月24日）
検証	愛知銀行	エメラダ	人工知能で倒産リスクを判定する融資先の与信分析ツールを共同検証（2020年 6 月 4 日）
サービス終了	－	マネーフォワード	マネーフォワード、融資審査にAI活用（2018年 7 月11日）⇒2020年 8 月にサービス終了（2020年 6 月 8 日）
サービス開始	りそな銀行	－	財務諸表や預金口座を出入りするお金の流れから粉飾決算を検知するシステムを開発（2021年 6 月 3 日）

（出所）　筆者作成

いったほうがよいでしょう。これは裏を返すと、多くの銀行は昔からAIを活用した法人向け貸出業務をやっているが、最近まで目立った変化がない、ということにほかなりません。日本の銀行業というと、なんとなく腰の重い、技術的に遅れているような印象をもつ人もいるかもしれませんが、AIというものを少し幅広くとらえると、銀行にはAIを十分に活用してきた実績もあります。

　次に、そもそもAIとは何か、あらためてとらえ直してみます。ひとことにAIといっても、その意味するところはとても幅が広く、また漠然としたところがあります。実はAIという言葉にこれといった定義はないのですが、

一例としては「人間的な認知能力を発揮するコンピュータシステム」という
ものがあります。

　そしてAIと並ぶキーワードの「機械学習」は、このAIのつくり方の一つ
として定義できます。なお、機械学習には明確な定義がいくつかあり、その
一つが「明示的にプログラムしなくても学習する能力をコンピュータに与え
る技術・学問分野」というものです。

　機械学習にもさまざまな手法があり、これもまた非常に幅が広いのです
が、そのなかの一つにロジスティック回帰というものがあります。いわゆる
回帰分析と呼ばれる手法の一つですが、これが、以前から銀行が審査に活用
している数学的な手法になります。つまり銀行は、機械学習手法でつくった
システムを用いて、古くから審査やリスク管理を行ってきたのです。これは
AIの業務活用そのものです。そして、ロジスティック回帰という手法その
ものは、時代遅れでも何でもありません。たとえば、藤井竜王の活躍に沸く
将棋の世界では、人間よりもAIが強いことは常識ですが、最初に人間の名
人に勝利したAI「ポナンザ」は、このロジスティック回帰を採用していま
した。

　銀行が審査にAIを利用する具体的な場面をみてみましょう。すでにお話
ししたとおり、銀行は貸倒れの発生に備えて引当金を計算する必要があるの
ですが、ロジスティック回帰モデルは、この引当金の計算に使われてきまし
た。

　貸倒れの発生する可能性のことを「信用リスク」といいますが、銀行は貸
すか貸さないかを判断する審査の場面で、あるいはすでに貸した後の貸出金
の管理の場面で、貸した相手（貸出先）の信用リスクを評価します。そして
この信用リスクは具体的には、デフォルト確率という数字で表されます。デ
フォルトとは日本語で債務不履行のことですが、一般的には倒産確率と同じ
と考えていただいて十分です。

　貸出先のデフォルト確率を計算する仕組みを、銀行では債務者格付制度と
いいます。これを端的に示すと、貸出先をいくつかのグループに分けて、そ
れぞれのグループにて過去に何パーセントの割合で倒産が発生していたかを

図表 3 － 5　最も原始的な債務者格付制度の例

1．最初にすべての貸出先を次の 3 つのグループに分ける
　　優良先：何があっても返済可能
　　通常先：このまま何ごともなければ返済可能
　　危険先：このままでは返済できないこともある
2．それぞれのグループの過去の実績デフォルト率を計算

	3 期前			前々期			前期		
	期初	デフォルト	率	期初	デフォルト	率	期初	デフォルト	率
優良先	100	2	2.0%	120	0	0.0%	110	1	0.9%
通常先	120	5	4.2%	110	3	2.7%	100	5	5.0%
危険先	80	6	7.5%	90	10	11.1%	90	11	12.2%

3．過去 3 年間の平均値を今年のPDとして使用
　　優良先：1.0%　　通常先：4.0%　　危険先：10.3%
（出所）　筆者作成

集計し、その数値をそのグループのデフォルト確率の推定値として当てはめる、というものです。**図表 3 － 5** は、優良先、通常先、危険先という三つのグループに貸出先を分けて、各グループのデフォルト確率を推定している事例です。

　これとAIがどのように関係するのかというと、この、優良先、通常先、危険先というグループを決める際の基準として、AIが計算する得点を用いているのです。たとえば法人向け貸出の債務者格付制度であれば、法人の決算書の数字を入力データとしてAIによって得点を計算し、何点以上なら優良先、何点未満なら危険先、といったルールに基づいて格付区分を決めます。格付区分が決まれば、その区分に対応したデフォルト確率が、その貸出先のデフォルト確率となり、引当金の計算に使用されます。

　私が銀行に入った1997年当時は、まだロジスティック回帰モデルは使われていなかったものと思います。かわりに、鉛筆をなめてつくった審査評点という得点表が、債務者格付を決めるのに使われていました。日本の多くの銀行で、これがロジスティック回帰モデルにとってかわられたのは、そこから数年後のことです。以来およそ20年近くにわたって、日本の銀行はAIを活

用した信用リスクの評価を行っているのです。

　繰り返しになりますが、銀行は最新技術のAIを使いこなせていないわけではありません。むしろ特定の業務では、古くからおおいに活用できています。できていないことがあるとすれば、それを他の業務、他の分野にうまく応用できていない、ということかもしれません。

２．新しい機械学習手法の特徴

　次に、最新の機械学習の手法にどのようなものがあるのか、そして、銀行の審査業務との関係であらためて注目を集めている背景について、みてみることにしましょう。

　機械学習手法にさまざまなものがあるのはすでにお話ししたとおりですが、**図表３－６**にあらためてまとめています。20年前から銀行が審査に使っているのは、このうちの一つ、回帰分析と呼ばれる手法です。このほかでは決定木も、審査やリスク管理業務にて以前からしばしばみかけられます。またニューラルネットワークは、近年のディープラーニングの基礎となった技

図表３－６　機械学習手法の分類

【教師の有無による分類】	【学習に使用する計算方法による分類（主なもの）】	
教師あり学習	回帰分析 線形回帰 ロジスティック回帰 など	ニューラルネットワーク（系） ニューラルネットワーク
教師なし学習		
強化学習	決定木（系） 決定木 ランダムフォレスト 勾配ブースティング など	ディープラーニング ディープニューラルネットワーク 畳み込みニューラルネットワーク 再帰型ニューラルネットワーク など
【データの入力単位による分類】		
オンライン学習		
ミニバッチ学習	クラスタリング	
バッチ学習	サポートベクターマシン	

（出所）　筆者作成

術ですが、これも手法自体は20年前から存在していました。私の勤めていた銀行は、やや新しもの好きだった面があるかもしれませんが、1990年代後半にはニューラルネットワークを使用した倒産可能性の評価が、現場の帳票に記載されていました。サポートベクターマシンも、古くからある数学的手法の一つで、機械学習に使用するデータ数が十分に確保できないケースなどで使われる場面がありました。

そして最近になって注目を集めるようになったのが、ニューラルネットワークを何重にも組み合わせることで、データの複雑な特徴をより細かく表現できるディープラーニングです。同様に、決定木をベースに進化したランダムフォレストや勾配ブースティングといった手法も、いまでは広く普及しています。これらは、コンピュータの計算能力の大幅な向上、ビッグデータの蓄積といった技術的な進化によって可能になった機械学習手法ですが、いまはこうした高度な手法を、誰もが比較的容易に利用できるソフトウェア環境が整っていることも、普及の後押しになっています。AIを活用して貸出業務や銀行業務全般を高度化する機運の背景には、こうした新しい技術の登場があります。

これらの複雑な仕組みによる新しい機械学習手法には、使ううえで気をつけるべき点が二つあります。一つは、過学習（オーバーフィッティング）です。新しい機械学習手法によるAIは性能が高いといわれますが、性能が高すぎることが逆に欠点となります。受験勉強を例に考えると、過学習とは、模擬試験対策の丸暗記をやりすぎた結果、模擬試験の解答は完璧に記憶しているのですが、本番の試験で少しでもひねった内容が出ると、まったく対応できない状況と同じです。新しい機械学習手法は、データの複雑な特徴を忠実に再現できるため、かえって、学習に使用するデータに過剰に適応してしまうことがあるのです。ちなみに、将棋AIポナンザの開発者である山本一成氏は、過学習を避けるためにわざと性能を落とす技術を「黒魔術」と呼んでおり、優れたAIを開発するためには、逆に魔術的なアートの要素が欠かせないことを示唆しています。

もう一つの問題が、ブラックボックス化です。ブラックボックス化といっ

ても、結果の再現ができないということではなく、何を入力したら何が返っ
てくるのか、生身の人間には両者の因果関係を読み取れない、ということを
意味します。

　銀行が貸出先を審査するとき、最終的には貸倒引当金を計算することにな
るといいましたが、仮にここにAIを活用するなら、ある貸出先について、
なぜ引当金が増えたのか、あるいは減ったのかが、対外的に説明できないと
いけません。というのも引当金は、最終的には銀行自身の決算書に載る数字
ですから、監査法人はもちろん、外部の投資家の目にも触れることになりま
す。また、金融庁をはじめとする監督当局に対する説明も欠かすことができ
ません。このような用途では、新たな機械学習手法に代表されるブラック
ボックスのAIはなかなか使いづらいものがあります。

　かくして、銀行が業務にAIを活用するためには、過学習を避けつつ、ブ
ラックボックスでもかまわない業務を特定して、その具体的な活用方法を考
える必要があります。

　さて、新しい機械学習手法が本格的に脚光を浴びるきっかけとなったの
が、2012年にGoogleが発表した「イヌネコ論文」です。畳み込みニューラル
ネットワーク（CNN）というディープラーニングの一手法によって、犬と猫
の画像を見分けるAIが開発されたところから、世界的なAIの開発競争が加
速します。日本の銀行界も例外ではなく、2015〜2016年頃には、多くのAI
開発事業者が、新しい機械学習手法を引っ提げて日本中の銀行を訪問しデー
タを求めて営業する姿を、しばしばみかけることがありました。

　ところがこのブーム、あまり長くは続かなかったようです。2018年頃に
は、新興のAI開発事業者はすっかり姿を消してしまいました。理由は単純
で、結果がついてこなかったからです。

　当時、私は銀行の審査に活用するAI開発の現場におりましたが、新しい
機械学習手法によってAIの性能がどれくらいアップするのか、エンジニア
と一緒にテストすることにしました。とはいえ私たちは、昨日今日、銀行向
けのAI開発に参入した立場ではありません。もともと銀行が長きにわたっ
てAIを業務に活用していることを知っていますから、既存技術、つまり回

帰分析によるAIを性能比較の対象にしなければ意味がないと考えました。その結果からわかったのは、新しい機械学習手法はたしかに優れた性能を発揮するものの、既存の回帰分析による機械学習に比べてその差はわずかである、ということでした。

図表3－7ではAIの性能を比較した結果を載せています。ここではARという数値でAIの性能を評価していますが、これは0から1の間をとる値で、1に近いほど性能が高いと考えてください。図表3－7の上の表をみると、ロジスティック回帰モデルとランダムフォレストの性能の差は、学習用データでは大きく離れているのですが、検証用データではほとんど差がないことがわかります。ここで学習用データとは、学習に使用したデータそのものに対する性能を表しているのに対して、検証用データとは、学習に使用していない本番データに対する性能を表します。

前にお話しした例でいうと、学習用データは模擬試験の結果、検証用データは本番試験の結果と同じことです。業務で使うAIは、本番で性能を発揮しなければ意味がありませんから、もちろん検証用データの数値こそが重要です。過学習の説明の際にも触れましたが、新しい機械学習手法は、学習用

図表3－7　AI性能の比較結果

【ランダムフォレストとのAR比較、2016年】

	学習用データ	検証用データ
ロジスティック回帰モデル	0.65748	0.72356
ランダムフォレスト	0.81284	0.74355

【ニューラルネットワークとのAR比較、2017年】

	学習用データ	検証用データ
ロジスティック回帰モデル	0.67466	0.73382
ニューラルネットワーク	0.72580	0.76930
ディープニューラルネットワーク	0.72949	0.76889

（出所）　大久保豊（監修）、尾藤剛（著）『［究解］信用リスク管理』金融財政事情研究会
　　　　　より筆者作成

データでの結果が高く出る傾向があります。これは**図表3－7**のランダムフォレストだけでなく、下側のニューラルネットワークの結果をみても明らかです。ところが検証用データでの結果は、そこまで高くはならず、ロジスティック回帰に比べて0.02～0.03ポイントのアドバンテージにとどまります。

　この0.02～0.03ポイントの差とは、どの程度のものと解釈すべきでしょうか。長らくAIの性能をみてきた立場からいうと、AIエンジニアにとっては決定的な差ですが、AIのユーザーにとってはほとんど誤差、というレベルです。決定的な差とは何かというと、技術者にとってこの差は、機械学習手法そのものを変えない限り決して埋められないという意味です。この点で、新しい機械学習手法が実現する性能が、技術的に回帰分析を凌駕していることは明らかです。

　一方、ユーザーにとって誤差というのは、この程度の性能差では、10年間使い続けても現場ではその差に気づかない、ということを意味します。つまり、新しい機械学習手法の性能が優れているというのは、あくまでも技術屋の自己満足にすぎないのです。それならば、わずかな性能差をとるよりも、ブラックボックスではなくて内容の理解できる回帰分析を選びたい、という評価になります。かくして、機械学習手法を最新のものに変えるだけのAI事業者は、十分な成果を得られなかったということで、あっという間に淘汰されてしまいました。

　では、新しい機械学習手法には意味がないのでしょうか。ここにはもう一つ、別の論点があります。それは、**図表3－7**の機械学習手法の比較が、あくまでも「同じデータ」に対して複数の機械学習手法を適用した結果だということです。同じデータに対して手法を変えただけでは大した成果が得られないことはわかったのですが、新しい機械学習手法では、いままでの回帰分析では扱うことのできなかった「新しいデータ」を学習に使用できます。新しいデータで、新しい機械学習手法を使ったAIを開発できるのであれば、回帰分析では決して得ることのできなかった成果をあげられる可能性があります。

たとえば、日本の銀行の多くが、法人向け融資の債務者格付制度にて使用しているAIは、一般に、2年から3年分程度の決算書情報を学習に使用していますが、それ以上長い、5年分、10年分といった情報を取り入れることは、回帰分析の技術的な制約からほとんど行われていません。ところが、ディープラーニングならば、画像のように情報としての密度がきわめて高いデータも学習に使用できるので、長い年数の決算書を取り扱うこともむずかしくありません。これまで学習に使用していなかった「新しいデータ」を活用することで、これまでよりも性能の高いAIを開発できる可能性があります。あるいは、文書や画像といった、そもそも回帰分析では入力情報の対象にすらならなかった「新しい情報源」も、新しい機械学習手法であれば、学習の対象になるのです。

　これからの銀行のAI活用に求められるのは、新しい機械学習手法ではなく、新しい機械学習手法を可能とする「新しいデータ」の発見なのです。

3．ローン審査における最新のAI活用事例

　では、新しいデータを活用するところから生まれた、法人向け貸出における審査のAIについて、具体的な事例をみてみましょう。これは実際に複数の地方銀行でシステム実装され、業務で活用されています。この審査AIの入力情報は、決算書情報のほか、預金・貸金の情報、そしてテキストの情報です。決算書、預金・貸金、交渉記録（テキスト）の三つの情報を組み合わせて、AIは貸出先の最終的な評価を行います（**図表3−8**）。

　最初に紹介するのは、決算書を評価する財務AIです。20年前から使用されている回帰分析のAIでは、2年から3年程度の決算書しか使えませんでしたが、いまのAIでは7年にもわたる長期の情報を使うことができます。畳み込みニューラルネットワークという画像認識で活用される技術を応用することで、より多くの情報を学習に使用できます。実は人間の目による審査の場面でも、審査役といわれる審査の専門家は、10年分程度の決算書の数値が横に並んだ資料を一読するだけで、危険な貸出先かどうかを見抜くことができるそうです。画像認識技術を応用したAIによる決算書の評価は、伝統

図表 3 - 8　審査AIの例

種類	財務AI	預貸AI	交渉記録AI
データ	決算書データ	直近の 口座データ	営業担当者の 日報データ
ねらい	財務状況に よる経営基盤 の評価	口座の動きに よる最新状況 の確認	現場の生の声 による 実態評価
ポイント	画像処理技術 （CNN）の応用 によって、長期 にわたるデータ の計算処理が可 能になった	口座情報の構造 化とCNNによ って、預貸情報 の分析と活用が 可能になった	テキストデータ 処理技術によっ て、日報データ の分析と活用が 可能になった

三つのAI
の
総合評価　　倒産確率
（PD）

（出所）　筆者作成

的な審査業務のあり方と比較しても、理にかなっているようです。

　次に紹介するのは預貸AIです。これは貸出先の預金と貸金の時系列での動きをもとに、その内容を評価するAIです。ここでも、畳み込みニューラルネットワークが使われています。決算書の情報が基本的には年1回更新、上場企業であっても四半期ごとにしか更新されないのに対して、預金や貸金の動きならば、毎月最新の状態を追うことができます。決算の後に業況が急変するような貸出先についても、このAIならばタイムリーに状態をフォローすることが可能です。

　交渉記録AIは、テキスト情報を入力値とするモデルです。具体的にいうと、銀行の営業担当者が毎日記録している営業日報の情報を、学習用データとして使用しています。取引先との間で日々発生する出来事そのものを評価対象として、AIがデフォルト確率を計算するのですが、これによって決算書や預金・貸金のような数字に表れない情報も、貸出先の評価に加味できます。これは、テキストデータを数値化する新たなデータ処理技術があってはじめて実現したAIといえます。

　最新の審査AIは、これら3種類の情報の組合せによって、決算書情報による基本的な評価をベースに、預金・貸金の情報で最新の状態を加味し、交

渉記録のテキスト情報で数字に表れない経営実態を考慮することで、最終的な法人貸出先の評価を決定しています。

　前にも少し触れましたが、新しい機械学習手法を取り入れたこの審査AIには、ブラックボックスの部分がありますから、引当金の計算につながるような業務にはなかなか使用できません。では、この審査AIを実際に導入している金融機関は、どのような業務に活用しているのでしょうか。

　一つの活用事例としては、人間の審査業務を補完する役割があげられます。審査AIが悪い評価を与えた貸出先については、人間による事前の評価いかんにかかわらず再調査を義務づけ、あらためて貸出先の実態を調べ上げてから融資の可否を決定する、ということが行われています。この銀行の場合、審査AIの導入によって、特に貸出先との日常的なコミュニケーションが不足しがちな地元エリア外の貸出先について、審査の質の改善に手応えを感じているようです。また、AI導入時にありがちな、現場の人間による評価との乖離・違和感といった問題も、多くの情報を総合して評価する審査AIの場合、比較的自然なかたちで審査結果を現場に受け入れてもらえるようです。

　もう一つの活用事例は、審査AIの評価によって人間の決裁権限を決定するというものです。AIの評価が高い貸出先であれば、現場の判断でより大きい金額での貸出ができるようにします。逆にAIの評価が低い貸出先については、金額のいかんによらず本部による承認を求めます。このような仕組みによって、審査する側のマンパワーを必要な貸出先に集中するとともに、現場での貸出に係る意思決定をスピードアップできます。

４．AI活用の落とし穴と今後の課題

　今後は新しいデータが新しい機械学習手法で学習されることで、審査をはじめとする銀行業務にAIを活用する動きが、ますます広がってくるものと思われます。本節の最後に、そのなかで注意すべき点を二つ指摘しておきます。

　一つは、AIはあくまでも学習に使用した過去のデータの延長線上でしか

ものごとを判断できない、ということです。つまりAIが想定される性能を発揮するには、学習用データと、将来の本番データとの特徴がある程度一致していることが前提となります。

この話をするとき、私が典型的な例としていつも取り上げるのが、かつて東京都の設立した銀行が、スコアリング融資で不良債権の山をつくった話です。当時、あの銀行は、既存の銀行から融資を受けられなかったミドルリスクの中小事業者に対して、スコアリング融資を通じて無担保で資金を提供することを目的として設立されました。しかしながら、そこで使用されたスコアリングモデル、要するにAIですが、学習用データはどこから出てきたのでしょうか。

審査のAIに使用する学習用データは、基本的には過去の貸出先の情報からつくられます。したがって、当時の銀行貸出先のデータから学習用データをつくるほかなかったはずです。ということは、あの銀行のスコアリングモデルは、当時既存の銀行貸出先のデータを学習用データとしてつくられたものであり、それを、当時既存の銀行から融資を受けられないミドルリスクの先に適用したことになります。学習用データと、本番データの特徴がまったく異なるのですから、AIが本来の性能を発揮できなかったのは、ある意味当然の結果といえます。当時は、詐欺的な債務者の存在が大きく取り上げられましたが、もう1点、そもそも銀行側がAIの使い方を間違っていたところにも大きな問題があったのです。AIを活用する場合には、学習に使ったデータと、これから使う対象のデータが、同じ特徴をもっていることを、必ず確認しなければなりません。

そしてもう一つ、新たな問題が意識され始めています。それは、これからのAIには、人間と同レベルかそれ以上の、倫理観・道徳観のようなものが求められるということです。具体的な事例としては、米国のアップルカードの問題があげられます。起業家夫妻によるクレジットカードの利用申込みに対し、同じような収入水準にもかかわらず、夫の利用限度額が妻の20倍だったことで、AIの審査における性差別の存在が疑われたのです。これを機に、AIを審査に活用する企業には、審査結果とプロセスの妥当性について、倫

理面からの説明責任が発生しうることが浮き彫りになりました。

　人間的な認知能力を発揮するシステムたるAIの役割が、人間的であれば
あるほど、今後より高い倫理観、道徳観が求められることになりそうです。

資産運用とフィンテック

日本資産運用基盤グループ　大原　啓一

　本節では、資産運用におけるフィンテックの意義について考察します。最初に資産運用とは何かということをあらためて整理したうえで、わが国の資産運用ビジネスにおいてフィンテックに期待されるものは何なのかというテーマについて考えてまいりたいと思います。

　本題に入る前に、現在わが国の資産運用業界が直面している大きな課題について2点ほど触れておきます。

　1点目は、資産運用がわが国の社会的な課題となっているという点です。日本は戦後発展を続け先進国となり、いまは成熟国になりました。やはり国としてのステージが成熟国になった日本においては、これまでに蓄積された富をいかに活用して、国力の成長につなげていくのか、というテーマは社会的にも大きな関心があり、そのために金融領域のなかでも資産運用がどうあるべきかという議論が非常に大事になってきているわけです。

　本章第4節で有友さんが触れられている東京都における国際金融都市構想のなかでも、資産運用が大きなテーマであるとされています。金融ビジネス全体のなかでは、決済やブロックチェーンなどさまざまなフィンテックの取組みが進められていますが、資産運用業の生産性を高め、さらに大きな産業にしていくために、フィンテックがどう役に立つのか、という観点はきわめて大切です。

　2点目は、ESGへの対応です。ここ数年で資産運用業界はESGへの対応が求められるようになりました。ESGの話は足もとは直接フィンテックと関係があるわけではありませんので本書では詳しく触れませんが、あくまでテクノロジーは目的を実現するための手段であるということを忘れてはいけませ

ん。金融というビジネスやサービスをいかに提供、運営していくのかということが第一義的に重要です。フィンテックは手段であり、今後ESGへの対応という大きな目的に対してもさまざまなかたちでフィンテックが活用されていくことでしょう。

　こういったことを念頭に置いたうえで、資産運用におけるフィンテックの意義についてみていきましょう。

1．資産運用サービスとは何か

　まず、資産運用サービスとは何かということについて考えてみましょう。主要な金融機能としては、資産運用のほかに、資金移転、資金供与、リスク移転といったものがありますが、それらの機能と比較することで資産運用の特徴をとらえてみたいと思います。

　一つ目の資金移転とは、たとえば決済や送金といった金融サービスが代表的なものです。Amazonでモノを買ったらクレジットカードで決済するないしは銀行振込みをするといったことをしますが、これが資金移転に区分されるものです。二つ目の資金供与の典型的なものは融資です。たとえば、銀行がお金を貸せば資金供与になります。三つ目のリスク移転の典型的なものは保険です。これらの機能について、それぞれの特徴をマトリクスにまとめたものが**図表3－9**です。

　この**図表3－9**の横軸には、「資金需要の時期」や「需要金額の推計」と書いてありますが、これはそれぞれがどんな用途での金融サービスなのかという整理を試みた切り口となります。

　たとえば、まず「資金移転」の場合を考えてみます。コンビニで1杯100円のコーヒーを買ったときに、○ペイや交通系電子マネーで払ったとしますと、その100円という資金が必要なのは将来ではありません。いま、まさに100円が必要とされています。つまり、「資金需要の時期」は「現在」です。また、必要な金額は当然に100円であり、「需要金額の推計」はきわめて容易です。

　次に「資金供与」の場合を考えてみます。たとえば住宅ローンを借りると

図表3－9　主要な金融機能の特徴

	利用者の状況	資金需要の時期	需要金額の推計	商品等の時価
資金移転	資金余剰	現在	容易	確定
資金供与	資金不足	現在	容易	確定
リスク移転	－	遠い将来	困難	確定
資産運用	資金余剰	遠い将来	困難	変動

（出所）　筆者作成

きに、「資金需要の時期」や「需要金額の推計」については、あらかじめある程度わかった状態で申込みがあるのが通常でしょう。いつまでにいくら売主に支払わなければならない、といったことはおおむね容易に推計できます。

　このように、資金移転や資金供与といったものについては、専門家でなくてもある程度は時期や金額の予想がつきます。もちろん手続や機械の使い方といった部分については一定の知識は必要なのですが、金融サービスを利用する人が、いつ？　いくら？　といった基本的なことがわからないというケースはまずありません。

　一方、「リスク移転」に関しては少し事情が変わってきます。そもそも資金が必要になるのはいつなのか、ということがよくわからないのです。たとえば生命保険について考えてみますと、お父様が亡くなられたときに生活費がいくら必要か、ということはあまり考えたことがないのが普通でしょう。また、仮に必要な生活費が5,000万円だったということがわかったとしても、お父様がいつ亡くなられるかということは、誰にもわかりません。また、その時点での生活に必要な生活費が本当に5,000万円なのかということも確定はできません。「資金需要の時期」や「需要金額の推計」がきわめてむずかしいのです。

　将来のことは誰にもわかりません。だからこそ、保険に加入する際には、保険代理店や専門家のところに相談に行って、いまの暮らしぶりからするとこのぐらいの保険に入ったほうがいいのではないか、といったサポートを受

ける人が多くなります。これが保険サービスの特徴です。

　そして、本節のテーマである「資産運用」も同様に「資金需要の時期」や「需要金額の推計」がむずかしい金融機能です。たとえば、いまの生活水準を老後も維持するためにいくら必要なのかということを考えたときに、どういった資産運用をすればよいのかを考えるのはなかなかむずかしいと思います。そもそも老後生活するためにいくら必要か、といわれてもよくわかりません。

　ですから、フィナンシャルプランナーのような専門家と相談しながら、「お子さんは何人ほしいですか」とか、「どこに住みたいですか」といった質問に答えながら、それでは65歳までにいくらくらい備えなければいけないので、こういうふうに資産運用しましょうといった資産運用計画に関するアドバイスを受けることが必要になってきます。

　また「資産運用」の特徴は、保険のような「リスク移転」と異なり、金融商品等の時価が変動する点です。「資産運用」の場合には、金融商品を今日購入したら明日から値動きが始まるのです。保険の場合には、契約をした瞬間にとりあえず安心です、ということになるケースが多いでしょうが、「資産運用」の場合には契約した日がスタートです。提案された資産運用計画が明日以降100％大丈夫かどうか、誰もわかりません。

　決済などの「資金移転」や貸出などの「資金供与」に関しては、資金需要の時期や需要金額の推計に関して専門家の提案は基本的には不要です。また、保険などの「リスク移転」については、入り口のタイミングでは専門家のサポートが必要ですが、契約後は基本的にはサポートが不要になります。

　ところが「資産運用」に関しては、契約の入り口のところでも専門家のサポートは必要ですし、契約が始まってからも金融商品が値動きするので、当初の資産運用計画がいまもまだ大丈夫なのかどうかを継続的にサポートする必要が生じます。つまり「資産運用」は、他の金融サービスと異なり、金融機関が行うべきサービス工程が時間軸として非常に長いという特徴があるのです。資産運用ビジネスを考えるに際して、この点についてはぜひ理解しておいてください。

2. 資産運用と投資の違い

　ここで、資産運用とよく混同される「投資」との違いについて説明しておきたいと思います。資産運用は投資とは異なると私は整理しています。投資というのは、いま、自分がもっている100万円を使ってうまく儲けたいので値上りする金融商品を教えてください、というような話です。一方、資産運用は、老後の生活資金のために備えるためにどうしたらよいだろう、といった話であり、将来的な目的、つまり資金需要がはっきりと存在するものです。投資とは似て非なる金融サービスであると私は考えています。

　資産運用に関して金融機関に求める役割として多くの人が想像するものは、どちらかというと資産運用会社やVC、証券会社が提供する投資サービスであると思われますが、先ほどから申し上げているとおり、本来の資産運用サービスの役割はもっと長期にわたります。

　顧客一人のカスタマーエクスペリエンスのなかで、情報収集のタイミングから、資産運用計画の策定、商品の選定、購入、実際の運用、さらにそのアフターフォローまで、場合によっては20年、30年という長期にわたり金融機関が介在しなければなりません（**図表3−10**）。

　たとえば、「資産運用といわれてもまったく意味がわからない」といった潜在的な顧客のために、メディアを通じて資産運用に関する基本的な情報収集の方法について発信するというサービスも立派な資産運用サービスですし、さまざまな値動きする金融商品のなかからどれがいいのかという商品の

図表3−10　資産運用におけるカスタマーエクスペリエンス

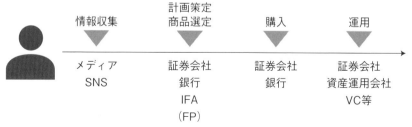

（注）　FPは商品選定はできないため、計画策定をサポート。
（出所）　筆者作成

選定をお手伝いすることも、もちろん資産運用サービスです。

　金融商品の選定をお手伝いするだけでなく、顧客の資産運用計画やポートフォリオの定期的な見直しをサポートすることも資産運用サービスの一つです。さらにいえば、金融商品は最終的には資金との交換、すなわち決済が必要ですので、証券会社や銀行が口座を管理するというサービスも大事な資産運用サービスです。

　このように一言で資産運用サービスといっても、ロードマップとしてはきわめて長い工程があり、その工程の一つひとつで、さまざまな形態の金融機関や金融事業者が携わっています。資産運用サービスにかかわる会社は、投資運用判断を行う資産運用会社だけではない、という点についてはしっかりと認識いただきたいと思います。

　しかも、これら資産運用サービスにかかわる会社のほとんどすべてが、金融商品取引法等の法令に基づき免許を取得して運営し、法令等の規制に服さなければなりませんので、提供するサービスに対して一定の品質を担保することが必要です。平たくいえば、ビジネスとして非常に重たいのです。こういった点は、そもそもフィンテック云々を話す前に前提としてある資産運用ビジネスの現実だということについてもご理解ください。

3．資産運用ビジネスにおけるフィンテックの活用

　ここまで資産運用サービスやビジネスの特徴について述べてきましたが、いよいよここから本題の「資産運用ビジネスの領域においてフィンテックがどういう役割を担っているのか、ないしは担っていくのか」というテーマに議論を進めていきましょう。

　資産運用ビジネスにおけるフィンテックの活用として最も頻繁に取り上げられるのは「ロボアドバイザーサービス」だと思います。わが国でも2015年頃からロボアドバイザーサービスが登場し始めました。当初は、基本的にバランス型投資をより簡単にできるようにしたサービスの提供が中心であり、代表的なロボアドバイザーサービスである「ウェルスナビ」もそういったものの一種です。顧客の属性に応じて自動的にどのようなポートフォリオがよ

いのか、適切な金融商品を選ぶサポートをしてくれるアドバイザーとしての
サービスです。

　最近ではロボアドバイザーサービスも進化しており、ウェルスナビでは
NISA（非課税制度）を自動で最適化するサービスを2021年2月から開始して
います。こういうものはこれまでに本当に存在しなかった新しい付加価値を
生み出すものであり、フィンテックが生み出したまったく新しい付加価値の
代表例でしょう。

　また、個人の顧客が20年後、30年後に備えるためにどのように資産運用計
画を立てればいいのか、プランニングをサポートするようなロボアドバイ
ザーサービスも存在します。ポートフォリオのアドバイスをしてくれるロボ
アドバイザーサービスとは、対象としている工程がまったく異なるのです
が、こういったサービスが最近ではどんどん増えてきています。

　日本特有のフィンテックサービスの興味深いものとして、たとえば、クレ
ジットカードのポイントやECサイトのポイントを、ポイントのままでさま
ざまな株式ないしは投資信託と連動させて値動きさせ、擬似的に資産運用す
るといったようなサービスも急速に広がっています。

　皆さんも、クレジットカードのポイントをもっているが、そのまま放置し
てしまっているというケースは多いと思います。また、ポイントはおまけな
ので、なくなってもあまりショックではない、という心理的な側面もあり、
自分の現金で資産運用をしたり投資をしたりするとなかなか抵抗感があるや
や保守的な人も、ポイントだけなら多少のリスクのある投資をしてもよいか
と考え、こういったサービスを活用する人も増えてきています。

　また、現金を銀行とか証券会社に預ける場合には、法令に基づいてマ
ネー・ローンダリングや顧客属性のチェックなどの手続が求められることか
ら、顧客にとっては面倒な部分もあるのですが、クレジットカードのポイン
ト運用の場合には、それが不要であり、顧客にとって煩雑さがない、という
ことも広がりをみせている要因の一つでしょう。

　最近では、単にポイントを運用するだけではなく、増えたポイントを使っ
て実際に株式や投資信託を購入するといった展開もみせており、フィンテッ

クサービスをきっかけとして、顧客層がどんどん拡大していくというビジネス目線での効果も出てきています。

　顧客からすれば、ポイントで運用できるなんていままでなかったわけですから、サービスの面での付加価値も大きい一方で、金融機関の側からしても、それをツールとして顧客の拡大につながるというビジネス性もあるという意味で、ポイント運用のサービスは今後もっと広がっていくことが予想されます。

４．工程の長い資産運用ビジネス

　先ほど説明したとおり、資産運用というのは工程がきわめて長いものですので、資産運用ビジネスにおけるフィンテックの活用事例も多岐にわたります。

　たとえば、インターネット証券のようにウェブサイトから多様な金融商品を購入できますというようなサービスもいまでは普通になっています。さらにパソコンのウェブサイトを利用する必要さえなく、スマートフォンですべてが完結する「スマホ証券」も登場しています。これらも広い意味では資産運用系フィンテックの一種であるという整理をすることもできるでしょう。

　先ほど「資産運用といわれてもまったく意味がわからない」といった潜在的な顧客のために、メディアを通じて資産運用に関する基本的な情報収集の方法について発信するというサービスも立派な資産運用サービスです、と述べました。たとえば、これをZoomやスマホを使ってみるとなると資産運用サービスへのフィンテックの活用ということになります。

　３カ月限定でZoomを使って相談に乗る、チャット形式で資産運用の相談をするといったフィンテックサービスもすでに存在します。もっと踏み込んでいくと背後にフィナンシャルプランナーやフィナンシャルアドバイザーといった専門家がいて、彼らとつながって具体的な相談や商品の購入までできるという「お金の健康診断」のようなマッチングアプリサービスも出てきています。

　こういったサービスはこれまでになかったものなので、顧客にとっての

サービスという目線でも付加価値がありますし、一方でビジネス性も十分にあるだろうと思います。フィナンシャルプランナーやフィナンシャルアドバイザー、金融機関の方々は、一人の顧客を獲得するため一定のカスタマーアクイジションコストがかかっています。一般に一人当り5,000円から数万円といわれています。したがって、顧客を探すお手伝いをするかわりに数千円をいただきます、というビジネスが成立する余地があり、ここにビジネスチャンスを見出してマッチングアプリサービスを始めている業者もいます。

　後で詳しく説明しますが、国内証券業におけるリテールの世界や資産運用の世界においては、付加価値のコモディティ化が進んでおり、証券売買手数料や運用報酬などのコミッションがほぼゼロに近づいてしまっているという現象が起こっています。ロボアドバイザーサービスについても激しい競争が繰り広げられましたが、そんな戦国時代も終わりを告げようとしています。結果的に、独自の価値や存在感を生み出せないまま消えていってしまう会社も増えてきています。

　ロボアドバイザーのようなテクノロジーが資産運用の代行をしてくれるようなわかりやすいサービスは、どうしても付加価値がコモディティ化しがちであり、利潤の源泉がなくなっていくという意味で、新規プレイヤーにとってはなかなか参入がむずかしくなってきています。今回ご紹介したポイント運用や専門家のマッチングアプリサービスといったような個人の顧客に資産運用をどのように始めたらよいのか入り口のお手伝いをするようなサービスも立派な資産運用系フィンテックといえますが、資産運用のこういった工程に着目したサービスは、比較的まだ利潤の源泉が残っており、今後のビジネスとして有望といえるのではないかと思われます。

5. サービス視点とビジネス視点の両立の重要性

　フィンテックという言葉はどうしてもユーザー目線、つまりサービスの視点で用いられることが多いのですが、ビジネスの視点もしっかりと考えないといけません。これまでにない新しいサービスが登場した、という話があったときに、本当に世界を変えるためには、そのサービスを提供することに

よって企業側もビジネスとして成り立つ、すなわち「儲かる」ということを両立しなければなりません。

　金融業は商売の一つですので、当然、ビジネスとして成立するかどうかはきわめて重要です。これまでのフィンテックのトレンドとして、サービスの視点が強調されることが多かったように感じます。5年ほど前から、フィンテックがブームになり異業種から金融業への参入があり、またスタートアップ企業が出現したりしましたが、サービスの視点として新しさが目を引くものだったとしても、ビジネスとして事業性がないために撤退していかなければいけない、というケースも目立つようになってきました。

　フィンテックを活用した新しいサービスが、実際にビジネスとして成り立つために何が必要なのか、を考えることは重要です。サービスとしてどうなのか、ビジネスとしてどうなのかという二つの観点を両立することで、はじめて金融業界を変えるトレンドになるということはしっかりと頭に入れておくべきだろうと考えます。

　サービスの視点ではそれほど目新しいものではなくても、ビジネスとしての視点でフィンテックが大きな役割を果たすこともあります。個人の顧客がそんなに体感としてメリットを感じられなかったとしても、テクノロジーを使うことで金融機関の業務とか事業が効率化し、人員の削減を可能とすることによって、広域コントロールの要因となり、結果として事業運営コストが削減でき、新しい利潤の源泉を生むわけです。

　ロボアドバイザーサービスはAIを用いた資産運用が行われますが、これは証券投資の世界で活用されてきた「クオンツ運用」と呼ばれる運用手法を応用したものであるといえます。クオンツ運用とは、数理分析的技術を活用することで投資運用判断を効率化する運用手法です。従来であれば、投資運用判断を行う際に、投資先企業の情報を集め、ヒアリングに行き、それを分析するといった工程に何十人分もの工数がかかっていたところ、クオンツ運用を行えば、3、4人の人員で十分であるということになります。数千億円運用していても、運用結果がほぼ変わらなかったりします。

　ロボアドバイザーサービスのAI運用についても、AIを使うからパーフェ

クトであるとか、AIを使うから人間が運用するよりも高いリターンを得られるとか、そういうことがねらいでは必ずしもありません。そこで企図される一義的な効果は工数削減による利潤創出といったものだと思います。資産運用サービスを提供するにあたってはさまざまな業務や工数が必要になりますが、フィンテックを活用することで工数を削減し、事業運営コストを下げる、というのもビジネスの観点からフィンテックの大きな役割であるという視点はきわめて重要でしょう。

6．消えつつある従来型の手数料ビジネス

ここで足もと、資産運用の業界でどういったことが起きているのか、ないしはその結果フィンテックにもどういう影響があるのかということについて、私見を述べさせていただきます。

2020年の後半から米国では、フィンテックベンチャーが開発した「ロビンフッド」というアプリが大きな話題となりました。このアプリはスマホで株式や投資信託などの金融商品を手数料無料で購入できるというもので、米国において爆発的に普及しました。

従来は、証券会社で株式や投資信託などを買おうとすると、手数料をとられるのが当たり前でした。その手数料もインターネット証券の普及でかなり低下してきていたのですが、ついに手数料を無料にしますというのです。これを受け、米国ではチャールズ・シュワブといった大手証券会社ですら、手数料を無料にするなど、証券業界全体を巻き込む大きなトレンドになったのです。

実は日本でもSBI証券や楽天証券など大手のインターネット証券が米国での動きを追いかけるように、手数料の無料化を発表しています。それでは、証券売買手数料をゼロにしたあと、証券会社はどうやって儲けるというのでしょうか。

ちなみに、米国のロビンフッドの事業モデルは、株式取引市場が複数存在し、そこへの注文回送でキックバックが得られることを前提としているところが大きく、日本の金融業界では模倣が困難であり、同様の事業モデルは代

替になりえません。

金融機関のなかには、ブローカレッジモデルからアセットマネジメントモデルへの転換を打ち出しているところもあります。つまり、商品選定や販売の部分ではなく、購入後のお金をお預かりして運用する、いわゆるアセットマネジメントのところで手数料を稼ごうというのです。ただ、一方でアセットマネジメントの部分についても手数料はほぼ消えつつある現状もあります（図表3－11）。

いま、わが国に投資信託商品は何本くらいあるかご存じでしょうか。実は約6,000本あります。6,000本もあると、顧客からすれば、いったいどれを選んでよいのかわからないという状況になります。そんなに多くの投資信託が

図表3－11　商品付加価値の手数料低下

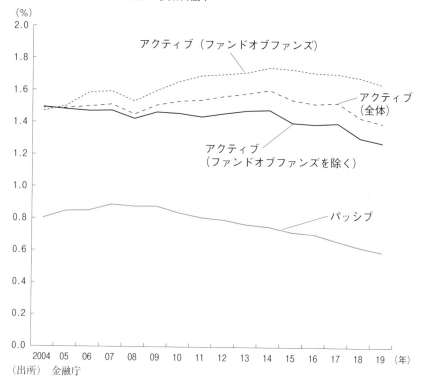

（出所）　金融庁

存在すると、新しい投資信託商品が出ても、それは6,001本目、6,002本目となるわけですから、その商品が生み出される社会的意義はかなり薄まってきます。

これは、経済学的にいえば限界効用が逓減するということです。つまり、商品が1本しかなければ、2本目、3本目が生み出される価値は大きいのですが、6,000本もあれば、同じような商品ばかりになってきます。すると、同じような商品ばかりであれば、顧客は少しでも安いものを買いたくなるのが常ですので、手数料は競争によりどんどん下がっていくのです。

アクティブといわれる能動的に運用を行う商品でも、パッシブといわれる緩やかな運用を行う商品でも、どんどん手数料は低下しています。そして、この下落傾向は当分続くと予想されています。

結局は従来のブローカレッジも、アセットマネジメントもほぼ儲からないビジネスになってきているのです。その裏返しですが、フィンテックサービスをこの領域で始めようとしても、いかに消費者にとって使い勝手がいいサービスだったとしても、事業としての収益の源泉がなかなか探しにくい状況にあるのが、わが国の個人向け資産運用業界の現状であるといえるでしょう。

こういった動きのなかで、フィンテックのスタートアップ企業の行動も影響を受けています。スタートアップは大手金融機関と比べれば、どうしても財務基盤は脆弱になりがちです。先ほど申し上げたように、ブローカレッジやアセットマネジメントについてはなかなか利益が稼げなくなってきています。金融機関向けのTo Bビジネスに関しては顧客の金融機関のほうの財務基盤が厚いケースが多いので、まだ若干余裕がある会社も多いのですが、特にTo Cについて厳しさを増している印象があります。

そんななかで、To Cのブローカレッジやアセットマネジメント領域のスタートアップ企業は買収されたり、身売りしたりという動きが進んでいます。また、そういった領域にいたスタートアップ企業がより利益が稼げる資産運用アドバイス領域にシフトしつつあるというのも、資産運用系フィンテック業界の最近の動きです。

先ほど「個人の顧客に資産運用をどのように始めたらよいのか入り口のお手伝いをするようなサービスは、今後のビジネスとして利潤の源泉が残っているのではないか」と述べました。資産運用へのフィンテックの活用という意味では、「個人向けの資産運用アドバイス」の分野は新規プレイヤーにとってのフロンティアではないかと考えられます。以降ではこの分野についてもう少し詳しくみていきましょう。

7．個人向け資産運用アドバイスビジネスの可能性

　資産運用といっても個人の場合には何をやっていいのかわからない、という人も多くいます。資産運用とか株式や投資信託の投資といってもよくわからないが、老後に備えて何かをしておいたほうがいいと思っている人はたくさんいます。もしあなたが老後こういうことを考えているのだったら、いまのうちからこんな積立をしておいたほうがいいですよ、といったプランニングをお手伝いしてあげるニーズがあるのです。一方、資産運用の場合には毎日値動きしますので、今日教えてあげるだけではなく、20年後30年後まで定期的に面談をしながら、資産運用計画のメンテナンスをサポートし続けるといったような、継続的な資産運用サービスが見直されています。

　先ほど6,000本も投資信託があればサービスはコモディティ化するということを申し上げましたが、アドバイスの領域においてはやや異なります。商品は似たようなものがいっぱいあると、結局商品なので、たとえばクオリティが一緒であれば安いほうにいかざるをえないわけです。でも、人生をサポートしてくれるアドバイザーとの関係になると話が変わります。人と人との関係となりますと、たとえば、○○さんにずっとお世話になっているし、信頼できるからこの人にお世話になりたい、といった気持ちが出てきます。

　アドバイザーだけではなく金融機関でも同じでしょう。自分は滋賀県に生まれたので滋賀銀行が好きだ、理由はわが家が代々お世話になっているから、という人も多く存在します。人と人との関係や金融機関と人との関係のなかで生じる感情的な価値観やファンマーケティングといったものは、コモディティ化しにくいものです。コモディティ化しにくいということは、私は

○○さんに人生のマネープランの相談に乗ってもらいたいので、○○さんにお世話になるのであれば、多少高いお金を払ってもいい、という話につながる余地があるということです。個人向け資産運用アドバイスの分野については、サービス性とビジネス性の両立ができるのではないか、ということでスタートアップ企業や地銀などからもおおいに注目されているのです。

　実は、この分野に関しては10年前の米国の状況といまの日本の状況が非常に似ているといわれています。2010年前後の米国においてはベビーブーマー世代が一斉に退職期を迎え、その人たちの老後資金の備えに対する問題意識が一気に高まりました。そんなときに、リーマンショックが起こります。金融危機により相場は大きく下落しました。ただでさえ老後を心配する人が増えているのに、さらに金融危機が起これば、老後の備えに対し、関心の低い人であってもこのままで老後は大丈夫だろうかと不安になります。将来について専門家に相談したいというニーズが一気に高まりました。

　米国の規制当局も、金融機関に好き勝手させてはいけないということになり、単に金融商品を売るだけではなくて、しっかりとした販売後の顧客サポートについての規制を強化する動きをとりました（ドッド・フランク法913条[1]）。

　金融機関としても、米国ではいち早くブローカレッジとアセットマネジメントが利益を生まない時代に突入していたことから、やはり資産運用アドバイスの領域を強化したいと考えていたところでした。顧客も規制当局も金融機関も、資産運用アドバイスの領域を伸ばしていかなければならないという認識で一致したのです。

　いまの日本はどうでしょうか。2019年の夏に、老後2,000万円問題というのが大問題になったのを覚えていらっしゃいますでしょうか。金融庁の審議会でたまたま出された報告書の一部に「老後に2,000万円必要である」といった試算があったことが大問題になりました。この話がSNSやメディアに広がると「自分は大丈夫だろうか」という不安が一気に広がり、金融機関へ

1　http://www.nicmr.com/nicmr/report/repo/2011/2011sum04web.pdf

の相談が殺到します。

　そんなときにコロナショックが生じます。コロナ禍によりわれわれの社会生活が一変します。そして、みんな将来のことを考え出したのです。「5年後10年後にいまもらっている給料は大丈夫なのだろうか」「いまの職は安定しているだろうか」といった社会的な不安が一気に広がりました。コロナショック以降、金融機関やフィナンシャルプランナーに対する相談が急増しています。

　一方、実は金融当局もここ1～2年ぐらいで、金融機関の資産運用領域への規制を10年前の米国のように強化しています。金融機関の側もいままでのビジネスモデルではまったく利益をあげられなくなってきているので、次のフロンティアを模索し始めました。つまり、米国で10年前に起こったことが、いま、日本でも起きているのです。

　ここ最近、SBIホールディングスの「第4のメガバンク構想」や、野村證券が地域銀行を囲い込んでいるといったニュースをみることも多いかと思います。もちろん、SBIホールディングスや野村證券は、地域銀行が困っているから助けてあげようとしているのではありません。資産運用ビジネスをいままでと同じようにやっていては立ち行かなくなると考えたときに、地域銀行がもっているブランド力や信用力に大きな価値を見出したのです。

　オンライン金融機関に自分の人生を預けようと思っている人はそれほど多くないかもしれませんが、特に地方では、地域銀行や信用金庫の信頼がきわめて厚いのが実情です。地域銀行や信用金庫はその地方から決して逃げないと考えられています。滋賀銀行が滋賀を捨てて引っ越して北海道に行ってしまうということは誰も想像できないでしょう。少なくともいままではありませんでした。だから滋賀の人は滋賀銀行に愛着があります。だからこそ、生涯を通じてお付き合いするなら地域銀行や信用金庫にしたいという人がたくさんいるのです。

　SBIホールディングスや野村證券のようなプラットフォーマーは、地域銀行や信用金庫を囲い込んで、今後、さまざまな個人向けアドバイスビジネスをしようとしています。これからは顧客の近くで、ずっとサポートをし続け

るサービスやビジネスが大事であると考えているのです。

　あくまでテクノロジーは目的を実現するための手段です。今後成長が見込まれる個人向け資産運用アドバイスという領域においても、さまざまなかたちでフィンテックの活用がなされていくことになるでしょう。

　ちなみに、弊社・日本資産運用基盤グループも、このような資産運用業界における個人向けアドバイスビジネスの盛り上がりに事業機会を見出し、プラットフォーマーがアドバイス事業を営むためのテクノロジー基盤を提供するサービスを提供していますが、足もとの領域へのフィンテック・スタートアップの参入も目立っています。

　資産運用ビジネスの発展を裏側でフィンテックが支える動きとして、参考にしてみてください。

国際金融都市構想におけるフィンテックの役割

東京国際金融機構（FinCity.Tokyo）　有友　圭一

　私は2016年から国際金融都市構想に関して、情報発信、市場からの意見収集、諸外国の金融都市政策の調査、および政策提言に取り組んできました。その後、2019年4月に東京国際金融都市構想を推進するための官民学連携組織である一般社団法人東京国際金融機構（以下「FinCity.Tokyo」という）の設立に携わり、現在は同機構の専務理事としてさまざまな施策を推進しています。

　FinCity.Tokyo には2021年末時点で約50社の法人が加盟しています。FinCity.Tokyo設立に際しては、ロンドンのシティ（The City of London Corporation）やパリ・ユーロプレース（Paris Europlace）の金融都市プロモーション組織を参考にしました。特に、ロンドンには行政区のトップである市長と、金融都市ロンドンの金融市長（ロードメイヤー、Lord Mayor）の2種類の市長が存在します。FinCity.Tokyoの会長は東京版Lord Mayorともいわれており、元日銀副総裁である中曽宏がその役職を務めています。

　FinCity.Tokyoの定款に記載されている事業内容は以下のとおりです。

① 　国際金融都市としての東京に関連する情報発信

② 　会員相互間の意見の交換、連絡および連携

③ 　金融に関係する団体、業界等との意見の交換、交流および連携

④ 　海外の金融プロモーション組織、金融に関係する団体、業界等との意見の交換、交流および連携

⑤ 　海外金融機関等の誘致

⑥ 　関係官庁、関係機関その他に対する意見表明および提言

⑦ 　その他法人の目的を達成するために必要な事業

私は大学と大学院で都市工学を専攻しました。学生時代の同級生が国土交通省、地方自治体の都市計画局、建設会社などに就職するなかで、経営コンサルタントとなり8カ国の金融都市で20年以上さまざまな金融機関に対してテクノロジーを活用した業務改革に従事してきました。大学、大学院の専攻から一見かけ離れた分野で経験を積みましたが、国際金融都市構想というかたちで、ようやく金融の知見と都市計画が結びついたと感じています。

　本節のテーマは「国際金融都市構想におけるフィンテックの役割」です。金融都市構想に関してはさまざまな誤解も生じていると感じていますが、そういった誤解の払拭も図りながら、東京都およびFinCity.Tokyoの国際金融都市としてのビジョンをご紹介したいと思います。

1. 骨太方針と国際金融都市構想

　国際金融センターの実現については日本政府としても重要な政策の柱として掲げるようになりました。2021年6月18日に閣議決定された経済財政運営と改革の基本方針2021（骨太方針2021）において[2]、国際金融センター[3]に関して、以下のように記載されています。

①　国際金融センターの実現

　　世界に開かれた国際金融センター実現のため、新規参入の海外銀行・証券会社への金融行政の英語対応や、高度金融人材の特性に応じた在留資格上のポイント付与等の円滑化・迅速化および国際仲裁の活性化に向けた環境整備を行うとともに、年金等国内の大規模運用機関の運用方針を含む海外金融機関の関心が高い情報を戦略的に発信する。

②　環境投資資金の呼び込み

2　https://www5.cao.go.jp/keizai-shimon/kaigi/cabinet/2021/2021_basicpolicies_ja.pdf
3　亜細亜大学の赤羽裕教授によると、『「金融センター」は金利、通貨、株式、債券について、それぞれの現物、先物、デリバティブ（金融派生商品）などを取引する金融機関が集まった「場」だと考えられます。「国際金融センター」は、こうした多種多様な金融商品およびその周辺取引が国際化し、プレーヤーも国際化している「場」といえます。国際化とは、居住者・非居住者間、あるいは非居住者間の金融・資本取引市場が存在する都市・地域を意味すると考えられます』。
　https://www.nikkei.com/article/DGKKZO68558290X20C21A1KE8000/

3,000兆円ともいわれる世界の環境投資資金をわが国に呼び込み、グリーン、トランジション、イノベーションに向かう資金の流れをつくる。このため、TCFD25等に基づく開示の質と量の充実、グリーンボンド等の取引が活発に行われるグリーン国際金融センターの実現、一足飛びでは脱炭素化がむずかしい産業向けのトランジション・ファイナンスの推進等に取り組む。また、グリーンGDP（仮称）などの研究・整備を進める。

　骨太方針の策定に際しても関係省庁や政権与党に対する啓蒙活動も実施してきた私としては、国家戦略である骨太の方針の一環として国際金融センターが位置づけられたことは飛躍的な進展であり、おおいに評価されるべきものだと考えています。

　さて、国際金融都市構想の最終受益者はいったい誰なのでしょうか。FinCity.Tokyoが想定している最終受益者は「日本居住者」です。もちろん「日本国民」や「東京都民」という答えも決して誤りではありませんが、国際金融都市構想は、たとえそれが東京を中心とした構想であっても、地方経済への便益があります。さらに、日本国民だけではなく、日本に居住する外国人にもメリットがあるものでしょう。

　FinCity.Tokyoの最終受益者は、主たる会員企業である大手金融機関なのではないかと頻繁に誤解されることがあります。ないしは外国の金融機関、外国人、富裕層といった一部の人のために活動しているのではないかという誤解もあるようです。あくまでFinCity.Tokyoは日本居住者のために活動しているという点をぜひご理解いただきたいと思います。

　では、なぜ国際金融都市構想を実現することが、日本の居住者のメリットになるのでしょうか。日本には1,900兆円以上の家計資産がありますが、実はこのうちの54％以上は、預貯金であり、ほとんど利息を生み出していません。言い換えれば、日本の家計資産の半分以上が有効活用されておらず、半ば「休眠」状態といっても過言ではありません。

　一方、日本の人口構成は世界で最も高齢化しており、約29％の人口が65歳以上で占められており、彼らの所得の63％以上は、年金収入が占めていま

す。したがって、高齢世帯における年金収入がきわめて重要です。日本の年金制度は、明治時代から国のために働いた官吏のための恩給というかたちで始まりましたが、本格的に公的年金制度が開始したのは、第二次世界大戦後です。戦後30〜40年間、日本は高度成長を謳歌し、それに伴い、年金運用も順調に高水準の利回りを達成していました。

しかし、もはやかつてのような経済成長は期待できず、日本企業の終身雇用制度も維持することが困難になっています。一方、平均寿命は男性が81歳、女性は87歳を超えています。内閣府の高齢社会白書によると、日本人男性の平均寿命は2040年には男性が約83歳、女性は約90歳に達し、65歳以上の人口は35％を超える見込みです。

年金基金の大半は、大手資産運用会社が運用していますが、近年、運用利回りはあまり芳しいとはいえません。この状況について、金融庁は2019年6月に長寿化によって会社を定年退職した後の人生が延びるため、95歳まで生きるには夫婦で約2,000万円の金融資産の取り崩しが必要になるとの試算を示しました。国民が安心して老後を過ごすことができる環境をつくるための一つの方法として、わが国の資産運用機能の強化が期待されているわけです。

伝統的に、日本の大手資産運用会社は、大手金融グループの子会社や孫会社という位置づけであり、「金融仲介会社（販売会社）を中心とした金融エコシステム」が形成されてきました。ほとんどの場合、投資家と投資対象の間には、販売会社、商品を組成する会社（アレンジャー）、投資のプロであるファンドマネジャーが介在します。しかし、日本の資産運用業に関しては以下の課題が指摘されてきました。

・販売会社が階層構造になっており、投資家は手数料を複数回支払っている、または、手数料の内訳がわかりにくい。

・ファンドマネジャーが販売会社の配下にあるため、投資判断の独立性が阻害される。

・投資家にとって最適な商品を推奨するのではなく、販売会社にとって利益率の高い商品を推薦する傾向がある。

わが国は、個人投資家の貯蓄から資産運用への移行もあまり進みませんでしたが、その要因の一つには、先進国のなかでも販売手数料が高く運用利回りが低いことがあげられると考えられます。そこでこの問題を解決するために、「国際金融都市・東京」構想では、販売会社中心の金融エコシステムを投資家とファンドマネジャーを中心としたエコシステムへ転換することを目的としています。

2．地方にもメリットがある国際金融都市構想

「国際金融都市・東京」構想は東京都民だけにメリットがあり、地方は無関係なのではないかという誤解もあるようです。決してそうではありません。

国際金融都市は、人間の体にたとえると、心臓のような機能であり、心臓を強くすることで、体全体に血液が滞りなく循環することになります。したがって、「国際金融都市・東京」構想は国内全体に経済効果を波及させます。

「投資家→金融機関→投資先」の資金循環は、「東京→東京」「地方→地方」のように、域内で起きていると考えられがちですが、実際には、海外からの資金流入や、東京から地方への資金移動などは多くみられます。東京の金融機関や投資家などから地方企業への投資、地方のアセットの利活用などを通じた、東京の金融機能による地方の経済（企業）への波及が想定されます。また、富山県や福井県など北陸地方は世帯当り平均家計金融資産が相対的に多い傾向があるのですが、そういった地方都市の富を東京に集積された運用機能を経由して、他の地方の投資対象に資金循環させることも考えられます。

東京の金融が地方経済へ波及効果がある、または今後も波及効果が拡大しうることは、たとえば、以下のような3点からみてとれます。

① 国全体の経済の牽引役としての東京

都市の経済成長は、国全体（地方）の経済を牽引しています。実際に、東京を含む世界の例をみると、都市の経済成長（変動）の後に、国全体（地方）の経済成長（変動）が起きています。また、東京での経済

活動の創出結果から生まれる波及効果のうち、産業連関分析から3分の
1は地方への経済効果と試算できます。

② 地方を支える金融機能としての東京

東京の金融機能は、資金の還流など、地方経済にもたらしている波及
効果が存在します。たとえ金融機関が東京に集積していても、現状すで
に、投資は東京から地方に流れています。たとえば、ベンチャーキャピ
タル（VC）では、投資家の約80％は東京に登記していますが、投資先
の約70％は地方です。伝統的な間接金融に関しても、貸出金の半数弱は
東京に拠点を置く金融機関からによるものですが、貸出先となる企業の
大多数は地方に所在します。

③ 地方資産の利活用拡大の役割を担う東京

東京のアセットを地方へ還流するだけでなく、地方の資産を利活用す
ることにより、さらなる経済効果が期待できます。現状では、家計金融
資産は地方に集中していますが、東京に比べ投資比率が低い状況です。
もし、地方の家計資産の投資比率が東京並みに上がると、180兆円が新
たに投資に回り、それらが日経平均相当のリターンを得ただけで、
GDP約5.3兆円（日本全体の約1.0％相当）の押上げに貢献しうると試算
されます。また、日本の各地域を細かくみると、地域により、家計金融
資産を他地域より相対的に多くもつものがあり、一方、中小企業等が多
く立地するような地域もあります。このような、「地方からの投資」や
「地方から別の地方へ」の投資の拡大を、東京が担うことが期待されま
す。

ぜひ「国際金融都市・東京」構想は東京のみならず、地方経済にも波及効
果があるということをご理解いただきたいと思います。

3．フィンテック企業育成・誘致への取組み

東京都およびFinCity.Tokyoは特に資産運用会社とフィンテック企業の育
成と誘致に注力しています。日本は少子高齢化および労働人口減少問題に直
面しています。長期滞在外国人を含む日本居住者が、安心して老後の生活を

過ごすためには、運用機能の強化を図る必要があります。つまり、優秀かつ多様なファンドマネジャーが集まるコミュニティを形成する必要があります。

　では、なぜ、日本でフィンテック企業の育成と誘致が重要なのでしょうか。私がマッキンゼーに在職中、全世界の銀行や証券会社のシステムのコスト構造を調査したことがあります[4]。欧米の投資銀行では、Change the Bank（CTB）コスト（サービスや機能向上のためのシステム投資）とRun the Bank（RTB）コスト（現状の機能を維持するためのコスト）の比は50対50であるのに比べ、日本の銀行は25対75、場合によっては20対80であることが判明しました。

　さらにその理由について関係者へのヒアリングを行った結果、以下のような「声」が聞かれました。

・「日本では金融機関のシステムは社会基盤としての高い堅牢さが求められるため、新しいテクノロジーの活用が消極的にならざるをえなかった。」

・「金融機関のシステム開発で採用されたシステム環境や言語も古く、対応可能なシステムエンジニアの高齢化も問題になっている。若いエンジニアを使うことが困難である。」

・「日本の金融機関において伝統的にテクノロジー人材はシステム子会社の従業員であり、金融業務に携わったこともないので、金融業務も十分理解していない。」

・「大手システム会社は大手金融機関の大口融資先であるため、ベンダーであるだけでなく、顧客でもあり、あまり牽制が効かなくなった。」

・「システム子会社から大手システムベンダーへの開発、保守、運用体制が長年続いてきたことにより、システム子会社は、親会社・系列金融機

4　More Bank for your IT Buck
　https://www.mckinsey.com/~/media/McKinsey/Business%20Functions/McKinsey%20Digital/Our%20Insights/More%20bank%20for%20your%20IT%20buck/MoBT%20More%20bank%20for%20your%20IT%20buck.pdf

関のシステム環境をあまり理解できなくなってしまった。」

　日本はテクノロジー先進国であるにもかかわらず、金融機関のシステムは柔軟性が欠如し、顧客の多様な金融サービスのニーズに対応することが困難になっています。この状況を打破し金融システム環境の近代化を図るとともにわが国が抱えるさまざまな社会課題を解決するために、先進的なテクノロジーを活用したフィンテック企業に期待されるところはきわめて大きいといえるでしょう。

　いま、「わが国が抱えるさまざまな社会課題」と書きましたが、ではフィンテックで解くべき社会課題は何でしょうか。実は、東京都は2018年より、毎年、東京金融賞という名のもとに都民のニーズや課題の解決に資する画期

図表3-12　金融に関する東京都民の課題と要望（2018年）

カテゴリー	課題・要望の例
入出金	本人確認、対面手続削減／オンラインバンキングのUX向上／海外送金簡素化／認証・KYC（Know Your Customer）簡素化／ATMのアベイラビリティ拡充（券売機のATM化等）／高額な手数料についての改善
決済	クレジットカード利用できるシーン・場所拡大／セキュリティの強化／もっと便利なキャッシュレス（画像や声で本人確認、購入履歴可視化、サインレス等）
資産運用	投資教育（子ども向けのもの、ゲーム感覚のアプリ）／少額から始められる資産運用サービス／低価格で中立的な助言／個人の資産管理情報の一括管理／相続手続の簡易化とデジタル化
保険	保険加入における中立的な助言、商品紹介／商品内容が複雑／人生100年時代にあった商品の不足／保険金請求手続簡略化／保険加入状況情報の一元化
融資・資金調達手段の多様化	中立的な助言、商品紹介／信用力の低い新興企業への融資／手続きのスマート化（捺印・紙の手続が多く煩雑）／非財務情報（SNS情報等）を使った融資／ブロックチェーンを活用した融資プロセスを高速化
その他	インバウンド観光客のための消費税還付手続き自動化

（出所）　筆者作成

的な金融商品・サービスの開発・提供を行う金融事業者等を表彰しているのですが、その際に都民の声を直接聞くためのアンケート調査を行っています。たとえば2018年の調査では都民から**図表3−12**のようなニーズが寄せられています。

このような都民からの課題・ニーズは利用者の利便性の観点からはいずれももっともなものだと思うのですが、既存の金融機関ではなかなかこういったニーズに応えられていない現状があります。大手金融機関にとっても「既存のシステムとの整合性をとることは大変であり、多額のコストをかけてまで細かい消費者のニーズに応じることが、必ずしも金融機関にとって経済合理性があるとはいえない」といった事情があることは想像ができます。

一方、フィンテック・スタートアップ企業の多くは、大手金融機関よりもはるかにフットワーク軽く消費者のニーズに応えることが可能です。そういった企業が、少し巨大になりすぎた大手金融機関のかわりに消費者のニーズに応えるケースが増えてきています。FinCity.Tokyoとしてもこういった企業の活動を後押ししていきたいと思います。

4．オルタナティブデータを活用した資産運用の高度化

一般社団法人国際資産運用センター推進機構（JIAM）が、2019年から2020年に日本で事業を展開する主要な資産運用会社26社を対象に実施した調査によると、資産運用会社がフィンテック活用に期待する事項として、最も多くあげられたのが、オルタナティブデータを活用した運用の強化でした[5]。

オルタナティブデータとは、従来、資産運用で活用されていた価格情報、財務情報、マクロ経済情報以外の、衛星画像情報、コールセンターとの通話履歴、非定形的な開示情報、ソーシャルメディア動向などを指します。

実は、日常生活で接している情報のほとんどはオルタナティブデータなの

---

5 https://jiam.tokyo/cms/wp-content/uploads/2020/01/JIAM_White_paper2019_Japanese.pdf
　JIAMはFinCity.Tokyoの前身となる非営利組織であり、現在は、多様な資産運用プレイヤーのコミュニティ形成や、政策提言に資する調査、海外の資産運用系フィンテックの紹介などを推進しており、筆者も理事を務める。

です。人間は、これらの情報をもとに、適宜判断をしているのですが、従来コンピュータはこのような非定形情報を処理することが苦手でした。しかし、コンピュータの処理能力の向上と人工知能アルゴリズムの発達により、オルタナティブデータを処理できる能力が近年急速に向上しています。

　国際金融都市構想の一環として行政の管理しているオルタナティブデータを安全に直接投資に開放することも重要な施策としてあげられます。

　実はこれはいわゆる「スマートシティ構想」の一つでもあります。スマートシティは「ICT 等の新技術を活用しつつ、マネジメント（計画、整備、管理・運営等）の高度化により、都市や地域の抱える諸課題の解決を行い、また新たな価値を創出し続ける、持続可能な都市や地域であり、Society 5.0 の先行的な実現の場」と定義されています[6]。要するに「情報技術を活用することで、快適で利便性の高い街づくりを推進すること」だと理解すればよ

図表 3 −13　国際金融都市構想とスマートシティ構想の関連性

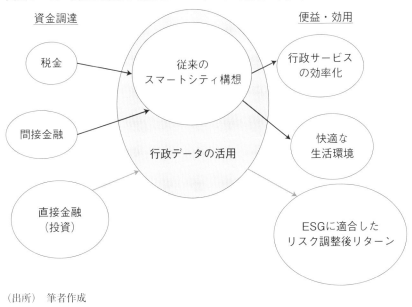

（出所）　筆者作成

6　https://www8.cao.go.jp/cstp/society5_0/smartcity/index.html

いでしょう。

　一般的に国際金融都市構想とスマートシティ構想は、別々のテーマとして議論されています。しかし、実際は、この二つの構想は表裏一体といえます（図表3−13）。

　従来のスマートシティ構想の財源は、税金が主であり銀行借入れ（間接金融）も活用されてきました。そして、スマートシティ構想の主な便益としては、行政サービスの効率化や快適な生活環境の実現があげられてきました。

　わが国の財政は苦しい状況が続いています。さらに、コロナ禍を経験し税金という財源はかなり枯渇しました。また、世界的なSDGsに対する関心の高まりを受けてESGの視点も必要になってきています。これまでと同じようにスマートシティ構想を持続的に推進していくことは困難だといえます。

　国際金融都市構想を進めることによって、スマートシティの実現のために直接金融を活用することができるようにしていく必要があります。また、投資家に対するリターンは、利回りというかたちで還元されるだけでなく、社会的価値の創造によりESGに適合したリターンを実現していくことが望ましいと考えられます。

　具体的には、行政が保有するオルタナティブデータをAPI開放する取組みを行っています。こういったデータをファンドマネジャーが活用することで、スマートシティ構想に個人投資家（居住者など）が参加することが可能となります。

　サステナブルREITと呼ばれている投資商品がありますが、たとえば、行政が保有する大規模事業所（オフィスビル含む）による温室効果ガス排出量データや、入居者の紙の廃棄量データを収集し、さらに、管理会社から、オフィスビル賃料収入、各オフィスビルの上下水道使用状況、各オフィスビルの電力・ガス使用状況を収集することで、エネルギー効率の高い大規模事業所を特定することが可能となります。このデータに基づき、資産運用会社が既存のREITのサステナブル化を推進することによって、投資家はサステナブルREITの運用リターンを享受することが可能となり、一方で、環境にやさしい（グリーンな）オフィスビルの建設の促進が期待され社会的価値も還

図表 3 −14　FinCity.Tokyoにおけるオルタナティブデータの活用のイメージ

行政所有および民間所有のデータ
○大規模事業所（オフィスビル含む）による温室
　効果ガス排出量データ
○入居者の紙の廃棄量データ
○オフィスビル賃料収入

市民への価値還元
○サステナブルREITの運
　用リターン
○グリーンなオフィスビル
　の建設・開発促進

データサービス・プロバイ
ダー
○物件が特定されないための
　データ匿名化
○データの正確性の検証
○API開放

運用会社
○サステナブルREITの組成および既存REITのサス
　テナブル化
○上に提示したデータに基づきREITを売買

（出所）　筆者作成

元されることにつながるでしょう（**図表 3 −14**）。

5．国際金融都市構想の改訂について

　最後に2021年11月に行った「国際金融都市・東京」構想の改訂の説明をし
ましょう。今回の改訂版は、先般の世界的な金融情勢の変化と東京の強みを
ふまえて東京がサステナブルリカバリーを実現し、世界をリードする国際金
融都市実現を目指すものです。改訂の柱の一つである「グリーンファイナン
スの推進」に関しては、2021年 6 月に取りまとめられた報告書「Tokyo
Green Finance Initiative（TGFI）〜グリーンファイナンス発展に向けた提
言〜」で、都の施策にとどまらない幅広い主体による「東京のグリーンファ
イナンス発展に向けた戦略的な取組」を「Tokyo Green Finance Initiative
（TGFI）」と定義しています。

　東京から「環境」と「経済」の好循環を生み出し、東京の「都市システ
ム」と「金融システム」のグリーン化を同時並行的に進めることを通じた都

民の生活向上と経済の持続的発展に向けた施策の方向性が提言されており、当該構想にその内容を全面的に取り入れています。世界の金融都市にはその戦略や成立ちから金利、為替、保険等情報・知識集約型のロンドンや、域内の経済力ではなく、域外の金融取引における仲介地としての機能を有するシンガポールのようなかたちもあります。

この点、東京は、その都市の総合力の高さ、巨大な個人金融資産の存在、実体経済の強さをふまえ、企業の集積や取引所を擁す金融取引の中心地、産業への投資・資金供給を魅力に国内外の投資家が主役となる「実経済バック型」の都市を目指すものです。そのうえで東京が直面する課題を意識して掲げられたのが三つの柱となります。

(1) 【第一の柱】グリーンファイナンスの推進 (Tokyo Green Finance Initiative)

東京が国際金融都市としての地位を確立するうえでは、中小企業も含めたサプライチェーン全体での脱炭素化に向けたグリーンファイナンスやトランジション・ファイナンスの推進が重要です。こうした観点から第一の柱としたのが「グリーンファイナンス市場の発展」です。具体的には以下のような施策が含まれます。

・ESGに関する企業の取組み等の情報プラットフォーム整備
・発行体がグリーンボンドやトラジションボンドを発行する際に必要となる外部レビュー等の取得に係る一部経費の負担
・都がアンカー発行体となりグリーンボンドの発行を継続することにより、市場での発行体や投資家としての市場牽引
・東京都は2017年に「グリーンボンド」を発行（これまでの発行金額総額約900億円）、今年度は規模拡大の予定。また、「東京版ESGファンド」を創設（東京版ESGファンド事業は、国内の再生可能エネルギー発電施設に分散投資を行うとともに、管理報酬の一部を活用して社会貢献性の高い事業等を支援する取組み。東京都からも5億円出資）するなど、わが国のグリーンファイナンスを牽引している。

また、「グリーンファイナンスにおける参加プレイヤーの裾野拡大」に向けた取組みも重要です。サプライチェーン全体での排出量に対する関心も高まっており、脱炭素化への取組みは、中小企業が取引先からの受注を獲得し続けていくうえで重要な要素となります。中小企業の取組みを促進するには、間接金融分野の銀行融資等のグリーン化を進めていく必要があります。中小企業へ情報提供を図ることなどにより、脱炭素化に向けた投資や、自社のESG関連情報の開示に取り組もうとする中小企業を後押しし、また、中小企業によるグリーンローン利用も促進していく必要があります。

さらに、グリーンファイナンス関連の資産運用業者等の誘致・育成や個人投資家が投資に参入しやすい環境整備を実施していくことがあげられます。その他にも、「環境施策・環境技術の情報発信とESG人材の育成」を行っていく方針です。

⑵ 【第二の柱】フィンテックの活用等による金融のデジタライゼーション

フィンテックの国際金融都市構想においての位置づけ、重要性はすでに説明をしてまいりましたが、コロナ情勢を受け、日本のデジタル化およびデータ基盤整備の遅れが顕著になりました。このなかで、「国際金融都市・東京」構想においても、フィンテックの活用等による金融のデジタライゼーションが強調されています。

具体的には以下の施策が掲げられています。
・フィンテック企業の誘致・創業・成長支援
・資産運用業者や金融機関等が資金のつなぎ手としてデジタル化を促進
・社会のキャッシュレス化の推進

⑶ 【第三の柱】資産運用業者をはじめとする多様な金融関連プレイヤーの集積

日本は少子高齢化および労働人口減少問題に直面しています。日本居住者（長期滞在外国人を含む）が、安心して老後の生活を過ごすためには、運用機

能の強化を図る必要があります。言い換えれば、優秀かつ多様なファンドマネジャーが集まるコミュニティを形成する必要があります。

その一環として、引き続き資産運用業者等の誘致を推進し、資産運用業者の創業や成長を支援する方針です。さらに、金融系人材の育成や、個人投資家の金融リテラシーの向上も重要な施策としてあげられています。

もちろん本書のテーマであるフィンテックについても第二の柱として引き続き重要な柱として位置づけられています。また、第三の柱である「資産運用業者をはじめとする多様な金融関連プレイヤーの集積」においてもフィンテック関連の事業者も想定されます。そして、第一の柱である「グリーンファイナンスの推進」に関しても、当然のことながらフィンテックをはじめとしたさまざまな最新のテクノロジーの活用が期待されています。先ほどフィンテックの技術によりオルタナティブデータを活用したサステナブルREITの事例を紹介しましたが、グリーンファイナンスへのフィンテックの活用も重要なテーマです。

さらに、これらに加えて「中小企業も含めたサプライチェーンのデジタル化と効率化」もきわめて重要な課題であると考えています。中小企業の取引は紙ベースで行われることが依然多いことがコロナ禍で浮き彫りにされました。ファックスの送受信や捺印するためだけに出社しなければならないことも社会問題として認識されました。

そこで、まず、発注書、請求書、納品書などを包含した証票のデジタル化と標準化が取引の効率化を促進するうえでの重要なステップになると考えられますが、金融面では、日本のような間接金融型の経済では金融機関の果たす役割が大きいと考えられます。

金融機関がサプライチェーン・ファイナンスを考える場合、個別企業の信用度に応じた相対型の与信ではなく、サプライチェーン全体の取引データに基づいた与信を目指していく必要があります。

また、手法としても売掛債権などを含む動産を担保とした信用供与を高度化していくことが必要です。この点、近年、ベトナムや中国で担保となる動産の登録制度を整備する動きがみられることは注目に値します。さらに、中

小企業の多くは自らデジタル化を進める力が限られていると考えられるので、取引先の金融機関が率先して金融取引のデジタル化を進めることも重要です。

その際には、ブロックチェーン上のスマートコントラクト手法を広く活用できるようにサプライチェーン全体のオープンアーキテクチャ化が必要となります。そうすることで、効率化だけではなく、透明性が高まり、さらに、直接金融を含む資金の出し手がサプライチェーン・ファイナンスに参加できるようになります。このように、フィンテックはわが国のサプライチェーンの高度化においても重要な役割を担っているのです。

ここまで、FinCity.Tokyoとしての取組みをフィンテックとの文脈で説明してきました。引き続き「国際金融都市・東京」構想のなかでもフィンテックはきわめて重要なテーマです。しかし、フィンテックに関しては次のステップにきているともいえます。すなわち、ESGであったり資産運用業の発展であったり中小企業金融であったりといった、社会的課題の解決手段としてフィンテックを活用することが前提にされつつあるということです。

フィンテックは目的ではなく手段です。「国際金融都市・東京」構想のなかでも、フィンテック企業の活躍の場を確保することによって社会的課題の解決を図る手法をいままで以上に重視していく必要があるでしょう。

ビヨンド・フィンテック時代の金融業

立教大学／公認会計士・税理士　前田順一郎

1．規制産業としての金融業

　金融業は規制産業です。金融業は、ほかの社会インフラと同様に、われわれの生活と活動に欠くことができない基盤です。だからこそ国家による規制が求められるのです。

　規制はイノベーションを阻害します。一方で、イノベーションにより国民はより強固な規制を求めます。さらにこの強固な規制は、金融機関にさらなる高度な対応を求めます。

　イノベーションにより金融サービスの利便性が高まれば高まるほど、規制対応のノウハウがある金融機関の存在感が高まります。一方で、規制対応に注力すれば顧客の利便性の視点はおろそかになりがちです。そこにアントレプレナーシップが求められます。

　国家の安定という意味では、小口決済（マイクロペイメント）に多少の不具合が生じてもトリビアルな問題でしょう。しかし、大口決済に不具合が生じれば、国家存続の危機に陥る可能性があります。

　すべての国民の1,000円のデポジットが消えてしまっても、国家は転覆しないでしょう（国民から文句は出ますが）。でも、すべての国民の1,000万円以上のデポジットが消失すれば、国家は信頼を失い、経済は大混乱し、暴動や略奪が起こるかもしれません。国家転覆の危機に陥るのです。

　だからこそ、金融機関には高度な規制が課されてきました。第1章第2節で瀧俊雄さんに詳しく説明いただいたように、伝統的な金融機関はコンプライアンスを第一に考えて行動します。ある意味ではそれは合理的な行動であ

るともいえます。1,000万円以上の預金者は、ATMやインターネットバンキングの多少の不便さよりも、安心して預けられるかどうかを重視します。それが、消費者や国民が合理的に求めるものなのです。

フィンテックの活用が進むと伝統的な金融機関がなくなるのか、という問いに対しては、私は明確に「NO」と申し上げます。たしかにビル・ゲイツは「Banking is necessary, banks are not.（銀行機能は必要だが、銀行は必要ない）」という言葉を残しました。でも、ビル・ゲイツがこの言葉を発したのは1994年のことです。その後、四半世紀以上たち、現に銀行は当時とはかたちを変えて、引き続き社会における重要なプレイヤーとして存在し続けています。ビル・ゲイツは、あくまで「銀行が当時の銀行の形態のままである必要はない」といいたかったのではないかと思っています。

むしろ私は、フィンテックの活用により、さらに複雑になり続ける規制に対して的確に対応できる金融機関のノウハウに対するニーズはますます高まってくるのではないかと考えています。

第3章第2節では、尾藤剛さんがAIで信用リスクを測定した場合にそのロジックを金融庁や監査法人に説明できるか、という観点の議論を紹介してくれました。このような観点はとても重要です。銀行には、預金者から預かった資金の確実な運用が求められます。過去にも銀行の不正融資事件は数え切れないほどありました。銀行員が融資判断の際に善管注意義務を怠ると、預金者に対する背任行為に該当するからです。なぜその会社に貸したのですか、と問われて、「AIが審査したのでわかりません」と答えることは許されません。貸したのは自分のお金ではなく預金者のお金なのですから常にその会社に融資をした理由を説明できるようにしておくことは当然のことなのです。

金融業においては一部の業務をブラックボックスにはできません。目にみえないものを規制することはできないからです。金融機関は、何をやるにも規制のことを第一に考えて行動するものであり、実際それが第一に求められることなのだと思います。

フィンテックの議論をしていると、当局の金融規制が厳しいことに対して

批判的な人もいますが、金融業は規制産業である、という観点は常に所与の条件として念頭に置いておくことが必要です。

2．ビヨンド・フィンテック時代とは？

フィンテックの時代において、これまでもテクノロジーを活用してきた金融業の世界に、非金融のプレイヤーが参入し、さらなる高度なテクノロジーが活用されるようになりました。そして、そういったことが当然のこととなりつつある現在、フィンテックは新しい局面を迎えているといえます。

まさにいま、フィンテックの時代の先にある「ビヨンド・フィンテック時代」が始まろうとしているのです。では、ビヨンド・フィンテック時代とは、いったいどのようなものなのでしょうか。私は以下、二つの側面からの理解が必要だと考えています。

一つは、新しいテクノロジーが活用されてきた金融領域において、より高度なテクノロジーが活用されることにより、フィンテックがさらに深化していくという、いわば垂直的な展開です。5年前には想像ができなかった勢いで新しいテクノロジーが登場しています。4Gから5Gの時代になり、量子コンピュータ、メタバース、NFTが注目を浴びています。

ここでは詳細は触れませんが、たとえば、メタバースと呼ばれる仮想空間が普及すれば、メタバース内に金融機関が出店するのは一般的になるでしょうし、事務センターがメタバース内に設置されるようになるかもしれません。メタバース内でバーチャルな不動産である「LAND」の売買がされるようになれば、LANDを担保にした融資が行われたり、LANDを裏付け資産とした投資商品が組成されたりするかもしれません。こういった新しいテクノロジーはさまざまなかたちで金融業に活用されていくでしょう。

もう一つは、なんらかの事情でまだ新しいテクノロジーが活用されていない金融領域において、フィンテックの技術が活用されていくという、いわば水平的な展開です。これは高度な規制業種や行政サービス、地方などにおいて起こりうる動きではないかと思います。

たとえば、代表的な規制業種の一つに、私自身も属する公認会計士業界が

あります。会計監査の世界においても現在DX化の波が押し寄せています。大手監査法人はAIやビッグデータの活用によりデジタル監査の導入を進めているところです。

　また、行政においてもDX化が進んでいます。2021年9月にデジタル庁が発足し、国や地方行政のDX化は加速しています。国家の「Finance」の具体的な担い手である国税庁も税務行政のDX化を推進していますがこれも広義のフィンテックといえます（**図表3−15**）。

　国の場合には法律上の整理や公平性、政治動向への配慮などから、どうしてもDX化に対するハードルは高くなりがちですが、民間部門で活用されているフィンテックの実効性が確認されれば、行政においても同様の技術の活用が広がりをみせていくでしょう。

　さらに、第3章第4節で有友圭一さんもFinCity.Tokyo構想の説明のなかで触れていましたが、さまざまな社会的課題の解決のためにもフィンテックの活用が期待されるところです。SDGsに関しては、持続可能な成長を実現するために、国連が定める17の目標を達成すべく各国が努力していますし、各企業も対応を迫られています。これに関連してESG対応におけるフィンテックの活用も期待されます。

　地方におけるフィンテックの活用がやや遅れていると指摘されることもありますが、今後は地方においても急速にフィンテック化の波が押し寄せてくると予想されます。その際に地方銀行の果たす役割はきわめて重要です。

　わが国において、インターネット専業銀行は11行（2022年3月現在）存在します。その多くが異業種からの参入、ないしは大手金融機関と異業種との協業によるものです。しかし、2021年5月、福岡、熊本、長崎など九州地方を拠点とする「ふくおかフィナンシャルグループ」がインターネット専業銀行、「みんなの銀行」を開業し大きな話題となりました。

　地方銀行により設立された初めてのネット銀行です。「みんなの銀行」は、デジタルネイティブな若年世代をターゲットとしたまったく新しいコンセプトの銀行になりました。さらに、2022年の1月には「東京きらぼしフィナンシャルグループ」がインターネット専業銀行である「UI銀行」を設立

図表 3 −15　税務行政のデジタル・トランスフォーメーション

税務行政のデジタル・トランスフォーメーション

デジタルを活用した、国税に関する手続や業務の在り方の抜本的な見直し

（基本的な指針）

利用者目線の徹底	万全なセキュリティの確保	業務改革（BPR）の徹底

税務行政の将来像2.0（注）

（インフラ整備）

ICT社会への的確な対応

税務手続の抜本的なデジタル化 ＞＞ あらゆる税務手続が税務署に行かずにできる社会

納税者の利便性の向上（スムーズ・スピーディ）

- 申告・申請等の簡便化
- 自己情報のオンライン確認
- チャットボットの充実等
- プッシュ型の情報配信

課税・徴収の効率化・高度化（インテリジェント）

- 申告内容の自動チェック
- AI・データ分析の活用
- 照会等のオンライン化
- Web会議システム等の活用

重点課題への的確な取組

- 租税回避への対応
- 富裕層に対する適正課税の確保
- 消費税不正還付等への対応
- 大口・悪質事案への対応

システム高度化と人材育成	内部事務の集約処理	関係機関との連携・協調

（注）　平成29年に公表した「税務行政の将来像」について、経済社会の変化やデジタル技術の進展等をふまえ、アップデートしたもの。
（出所）　税務行政のデジタル・トランスフォーメーション −税務行政の将来像2.0−（2021年6月公表）

し、これに続いています。

　今後、わが国の地方銀行の役割は大きく変わっていくと思います。ビヨンド・フィンテック時代においては、地方においても顧客が銀行の窓口にも行かず、ATMすらほとんど使わなくなるでしょう。そのような時代において、都道府県ごとに地方銀行が存在することに意義があるのかという点は再検討していく必要があります。

　少なくとも各地方銀行が個別に基幹システムの開発や運用を行う意義は薄れてきています。「みんなの銀行」の場合には、基幹システムをアクセンチュアが開発したパブリッククラウド環境上で運用していますが、さらに今後は基幹システム自体の共通化も進んでいくことが想定されます。

　では、ビヨンド・フィンテック時代において地方銀行は不要になってしまうのでしょうか。私はそうは思いません。地方銀行には引き続き多くのニーズがあります。

　まずシステムが共通化されても、各銀行が地域においてもっているブランドは大きな価値です。地域における信頼は一朝一夕に築き上げるものではありません。第3章第3節の大原啓一さんの説明にもあったとおり、多額の資産を託すとなると、やはり信頼する金融機関に相談したいと考えるものでしょう。地域の信頼を背景にした顧客基盤は、各銀行が地域に存在するからこそ価値をもつのです。

　また、今後は地域活性化のために地方銀行の非金融業への参入も期待されます。2021年の銀行法改正に伴い緩和された銀行業高度化等会社の認可を受けて、地方銀行が地域商社を設立する例が増えています。こういった取組みのすべてが必ずしも成功するものではないと思いますが、少なくとも地域活性化への糸口になるものだと考えます。

　さらに私自身が地方銀行に対して特に期待したいものの一つに公共インフラ運営への参加があります。すでに空港運営に関してはコンセッション方式での民間委託が進んでいますが、水道事業や道路、トンネル、橋、公園、学校、図書館などさまざまな地域の公共インフラは老朽化の問題に直面しています。

こういった社会的課題に対応するには、どうしても民間の知恵が必要になってきます。一方で、地域の公共インフラの運営は地域から信頼されるプレイヤーによってなされないとうまくいきません。まさに地方銀行が活躍する場所がそこにあります。こういった観点から、必要な業法改正には政府にもぜひ取り組んでいただきたいと期待しています。

3．ビヨンド・フィンテック時代の通貨

今後「通貨」はどうなっていくのか、という問題も皆さんの関心事でしょう。第2章第3節で、保木健次さんに詳しく説明いただきましたが、暗号資産が既存の通貨を代替するものになっていくのか、という問題があります。

第2章第5節の鼎談で飯田泰之先生も指摘していましたが、自国通貨の信用力が不足しているが、一方で政治的な理由でドルとのペッグを望まない国は、暗号資産へのペッグを志向していくことが考えられます。暗号資産の普及は、少なくとも途上国においては今後加速していく可能性があります。

自国通貨に信用力があれば自国通貨建ての制度を構築することは可能です。もちろん現在の日本円はその資格を有しているでしょう。でも、将来のことは誰にもわかりません。ここ30年間、日本の世界における経済的地位は低下を続けていますので、この傾向が続くとすると、長いスパンでみれば日本円が将来どうなるのかはわかりません。

他通貨決済が可能な電子マネーの出現が世界を変える可能性もあります。英語圏の人は英語のウェブサイトをみたときに、自国のサイトなのか外国のサイトなのかをはっきりと区別しないと聞きます。金額表示が自国通貨ではないことをみて外国のサイトであることに気づくそうです。VISAやMasterといったクレジットカードの国際ブランドは、他通貨決済をすることができるので、言語や関税の壁がない場合には、クレジットカードを用いればほぼ問題なく外国のインターネットサイトからの購入取引が可能です。

暗号資産が普及すると、こういった他通貨決済の一つの選択肢に暗号資産が組み込まれる可能性があります。そうすると、自国通貨と暗号資産との交換、暗号資産と外国通貨との交換が活発になり、外貨両替の手数料が著しく

低下する可能性があります。もはや自分がどの通貨で購入、売却をしているのかすら意識しない、完全なるボーダーレスな通貨の世界が実現する可能性もあります。

　放置しておくと、国家権力が「わが国の法定通貨は○○だ」と決めたところで、民間部門の現実の経済は関係ないところでどんどん進んでいってしまいます。では、法定通貨が法定通貨たる意義はどこにあるのでしょうか。実は、最後の砦は税だと思います。

　税はその国の法定通貨で計算し納税することになっているのが一般的です。日本では、日本円で税金計算をして納税します。これは日本の法定通貨が円だからです。米ドルをベースにして働いている在日米国人であっても、仮に暗号資産を基軸にしてすべての経済取引を行っている人がいたとしても、日本においてはあくまで日本円で税金計算します。暗号資産ベースで考えればまったく利益が出ていなかったとしても、円ベースで考えて利益が出ていれば納税をしなければなりません。

　逆にいえば、国家が税の支払を他の通貨や暗号資産で行うことを認めれば、自国の法定通貨は完全にバーチャルなものになります。いますぐに、日本が他通貨ないしは暗号資産による税金の支払を認める国になるとは思いませんが、たとえば一部の経済特区的な戦略的地域における経済活動について他通貨や暗号資産での税の支払が認められるようになるかもしれません。また、世界を見渡せば途上国を中心にそういった動きが活発になる可能性は否定できないでしょう。

　仮にそういった動きが加速すると、もはや法定通貨も単なる一つの価値尺度にすぎなくなり、国家のコントロールの手を離れ、暗号資産やNFTといった尺度と並列的なバーチャルな価値尺度として存在するにすぎない時代がやってくるのかもしれません。

　ビヨンド・フィンテック時代に現金は必要か、という議論についても少し触れておきましょう。歴史的に、現金取引は減少し続けてきました。銀行振込の利便性も向上し、キャッシュレス化も大きく進展しました。おそらく今後も現金が使われる機会は確実に減っていくでしょう。

実はわが国においても、すでに一般的な個人の支出のうち多くの割合は
キャッシュレス決済によりなされています。家賃や住宅ローン、クレジット
カード決済、保険料、電気・ガス・水道などの公共料金の支払が多くの人の
主たる支出ではないかと思いますが、これらのほとんどが振込みや口座振替
により決済がなされています。

　したがって、引き続き現金は必要か否かという議論は、飲食代や店舗での
小口の買い物など残りのほんのわずかな部分について現金が使われるのかと
いう問題と、いわゆる「タンス預金」として現金を保有する人はどうなるの
かという問題に関する議論であるといえます。

　いますぐにわが国から現金がなくなるということはないでしょうが、近い
将来、現金を使う人はほとんどいなくなる時代がやってくるでしょう。以前
は当たり前のように切符を買って電車に乗っていましたが、いまではほとん
どの人が交通系電子マネーを利用しています。インフラさえ整えば人々はよ
り利便性の高いほうに向かいます。電子マネーないしはデジタル通貨の普及
がさらに進めば、少なくとも小口の買い物においては現金を用いる意義がな
くなってしまいます。

　電子マネー、デジタル通貨による決済についても、現在のようにカードや
スマートフォンを使った決済は主流ではなくなるかもしれません。第1章第
4節で東海林正賢さんにもインドのアドハープログラムを紹介いただきまし
たが、指紋認証、顔認証、虹彩認証といった技術はますます高度化していく
でしょうから、自分の体さえあれば小口決済が可能な時代はもう目の前に来
ています。

4．ビヨンド・フィンテックのさらに先へ
──ハイパー家計簿で通貨がなくなる？

　ここまで、いままさにこれから始まろうとしている「ビヨンド・フィン
テック時代」について考察をしてきました。しかし、ビヨンド・フィンテッ
ク時代も、いつかさらにその先の新しい時代に変容していきます。たとえ
ば、SDGsが目標として定める2030年、わが国ないし世界の金融はどうなっ

ているのでしょうか。

　ここからは私の予想です。あくまで予想ですので正しいかどうかはわかりません。でも、金融の歴史と現状分析をふまえて私なりに合理的に導き出されるだろうと考える予想をここに記しておきたいと思います。

　私はビヨンド・フィンテックのさらに先に進んだ時代においては、通貨と会計データの垣根が、ほぼ消滅してしまうのではないかと予測しています。つまり、人々が通貨というものを明確に認識しなくなる時代がやってくるのではないかと考えています。

　通貨には価値保存、価値尺度、交換手段の三つの機能があるといわれます。先ほど、法定通貨も単なる一つの価値尺度にすぎなくなるのではないかと述べましたが、別の言い方をすれば、演算機能やデータ保存機能が高度化し取引情報についてもテクノロジーが管理できる時代においては、価値保存や交換手段としての機能をシステムに委ねることも可能になるのです。

　第2章第5節の鼎談における井上智洋先生との議論でもあったとおり、通貨とは負債であり、通貨の所有者は債権者です。貨幣は日銀に対する債権であり、預金は銀行に対する債権です。われわれは日銀に対する債権である貨幣と銀行に対する債権である預金とをほとんど区別しません。さらにフィンテックの時代においては、デジタル通貨が一気に普及しました。デジタル通貨の場合には、利用者は発行者に対して債権を有しますが、おそらく貨幣や預金と区別をせずに利用していると思います。

　企業においてはどうでしょうか。やはり、貨幣と預金を区別せず同等の価値をもつものであるととらえられてきました。さらに企業の場合には、伝統的に手形や小切手といった証券も用いられてきました。手形や小切手の法的な性質は取引先に対する債権ですが、一定の信用力がある取引先に対するものであれば、貨幣や預金と同等の価値があるものとして取り扱われてきました。

　これは、取立てや手形割引をすることにより即時に資金化可能であるからです。またテクノロジーの進化により、手形割引のかわりに売掛債権を資金化する「ファクタリング」も一般に行われるようになっているので、取引先

に対する売掛債権が通貨と同等の価値を有するという認識をもっているケースもあると思います。

このように考えると、歴史的には制度の発展やテクノロジーの進化により、人々が通貨と同等の価値を有すると認識をする債権の範囲は拡大し続けてきたといえるでしょう。そして、その範囲の拡大に金融業が貢献してきたという見方もできます。第三者が明確に債権の存在を認識できるような取引があれば、そこには金融業が参入する機会が生じます。金融業が参入し金融実務が定着すると、その債権は通貨と同等の価値をもつようになります。これが、人類がこれまで歩んできた金融の歴史であるといえます。

スマートフォンの出現によって金融の機能はさらに大きく変わりました。スマートフォンがわれわれの行動をビッグデータ化したことにより、そのビッグデータがわれわれの信用力と結びつく可能性もあります。今後、スマートフォンは小型化され、われわれの体に組み込まれてしまうかもしれません。

2030年、スマートフォンはさらに進化するか、ないしはさらに進化したほかのものになっているかもしれません。4Gが5Gに、5Gが6Gとなり、量子コンピュータが一般化され、情報処理能力がこのまま進化を遂げていけば、われわれの経済活動のほぼすべてを記録したデジタル会計帳簿が瞬時に作成される世界が実現する日も近いのかもしれません。

われわれの経済活動のほぼすべてを記録したデジタル会計帳簿を仮に「ハイパー家計簿」と呼ぶこととします。ハイパー家計簿上においては、経済活動が行われるつど、リアルタイムで個人ないしは法人の債権債務関係が記録されていきます。

ハイパー家計簿は、もしかしたら第2章第4節で稲葉大明さんに詳しく説明していただいたブロックチェーンの技術を活用して管理されるかもしれません。当事者の許可を得た第三者は、APIのような技術を用いてハイパー家計簿に対するアクセス権を得ることで金融機能を提供することができるようになるかもしれません。

第三者がハイパー家計簿にアクセスすることが可能になると、金融の意義

を根本から変えてしまう可能性があります。前述のとおり第三者が明確に債権の存在を認識できるような取引があれば、そこには金融業が参入する機会が生じます。つまり、ハイパー家計簿が実現することにより、ほぼすべての経済活動が金融サービスの機会となるのです。そして、逆に私たちはいままで金融であると認識してこなかった事象のすべてが実は金融であったということに気づかされることになります。

　個人の場合で考えれば、買い物をしてお金を払うのも金融ですし、お金を払わないのも金融です。商品を販売する法人を考えれば、商品を売って代金を回収するのも金融ですし、売掛金のままにしておくのも金融です。

　労働をしたが、すぐには給与が支払われず、月末に締めて翌月25日に支払われるのも金融です。人々が労働をすれば、雇用をしている会社に対して支払を求める請求権、つまり債権をもちます。従来、対雇用者との関係では「給料の前借り」という実務はあったと思いますが、これを第三者が資金化する金融サービスを提供することも可能になります。逆に、すぐに給料の支払も求めなくても、ハイパー家計簿にその債権が記録されていれば、通貨としての価値を十分にもつ可能性があります（**図表3－16**）。

　第2章第2節で小早川周司先生に紹介いただきましたが、わが国の国債取引はDVP決済といって、モノの動きとお金の動きが一致するようにシステムが運用されています。今後、国債取引と同じように、さまざまなモノの流れや債権債務関係とお金の流れをシステム上で紐付けられることが可能になる時代が到来するものと予想されます。その動きを管理するプログラム上で

図表3－16　通貨と同等な価値をもつ範囲の拡大

	20世紀	現在	2030年
企業	貨幣・預金 手形・小切手	貨幣・預金 手形・小切手 売掛債権（ファクタリング）	すべての経済活動が「ハイパー家計簿」に記録され、会計データ上のほぼすべての債権が通貨と認識される時代に？
個人	貨幣・預金	貨幣・預金 デジタル通貨	

（出所）　筆者作成

は債権債務関係自体がまさにお金と同じような機能を有することになるので、これは一種の「プログラマブル・マネー」といってもよいと思います。

　もはやハイパー家計簿に記録されている債権のデータが通貨と同等の価値をもつものととらえられるわけです。逆にいえば、通貨と会計データの垣根が、ほぼ消滅してしまうのです。結果として、人々が通貨というものを明確に認識しなくなる時代がやってくるものと考えられます。

　なお、こういった時代において、特に重要になってくるのが契約情報の問題とプライバシーの問題です。ハイパー家計簿上でプログラマブル・マネーによる金融取引を実現する前提として、システム上で契約情報がデータベース化されている必要があります。

　コロナ禍や電子帳簿保存法の導入によって、ここ数年で契約のDX化は一気に進みましたが、さらに、契約情報に関しても言語が共通化され、オンラインでオープンにつながっていくと、相手方との間に保有する契約情報に相違が生じるリスクはゼロになります。契約自体がシステムで共有されていれば、さまざまな業務の共通化も可能になるでしょう。こういったシステム構築の作業を、政府が行うのか、民間が行うのか、ないしは官民連携なのか、誰が主導権を握っていくかはわかりませんが、きわめて重要な社会インフラになるでしょうから、なんらかのかたちによりこういったシステムの構築が進められていくものと考えられます。

　さらに、プライバシーの問題がますます重要になるということは念頭に置いておくべきでしょう。テクノロジーとプライバシーの問題は現在においてもすでに深刻になりつつありますが、個人のハイパー家計簿が実現した場合、そのデータ自体がプライバシーそのものであるともいえます。当然のことながら、プライバシー保護に関して規制の議論が出てきます。その規制に対応する際には、やはり伝統的金融機関のノウハウが活かされることになります。

　繰り返しになりますが、これはあくまで私の予想にすぎません。実際にそうなるかどうかはまったくわかりません。しかし、是非、皆さんが未来の金融を考える際の参考にしていただけたらと思います。

5．ビヨンド・フィンテック時代の金融──共創の必要性

　ここまでビヨンド・フィンテック時代とさらにその先の時代について考察してきました。最後にそういった時代において、金融機関がどういった対応をする必要があるのか、という課題を考えてみましょう。

　本章の冒頭、高度な規制対応を行う役割がある限り金融業は必ず残っていくだろうという点を指摘しました。では、金融機関はいままでと変わらなくてよいのでしょうか。もちろん、そんなことはありません。既存の金融機関は、常に社会の変化に対応していかなければなりません。数年後の回収を目指す投資をするのであれば、ビヨンド・フィンテックのさらに先の時代のことも念頭に置きながら判断をしていかなければならないのです。

　時価総額のみに目を向ければ、米国においてはGAFAと呼ばれるような大手テクノロジー企業が大手金融機関を飲み込んでしまう可能性も十分にあります。金融機関自体が消滅することはないと思いますが、伝統的金融機関がテクノロジー企業の傘下に入っていくという事態が起こる可能性は否定できません。

　もちろん、金融機関の買収というのは、一歩間違えると当局や世論の批判を浴びかねません。GAFAであっても慎重になります。しかし、機が熟せば一気にそういった流れが実現する可能性も高いと思います。

　米国で起こりうることは日本でも起こりえます。先にも述べた「日本のフィンテック・パラドックス」の問題を解決するには、テクノロジー企業やフィンテック・ベンチャーといった新しい金融プレイヤーの力が必要です。ビッグデータの活用などの、時代の変化に応じた従来とは異なるマネタイズの手法を志向するプレイヤーの力が必要なのです。社会は変化し続けます。社会の変化は止まってくれません。

　では、社会の変化に乗り遅れまいと変化に対応し続けるテクノロジー企業やフィンテック・ベンチャーの側に立って考えてみるとどうでしょうか。実はそういったプレイヤーの側にも大きな悩みがあります。それは、当局が求める規制への対応です。

　当局対応にも、ノウハウが必要です。伝統的金融機関にとっては当然の対

応であっても、テクノロジー企業やフィンテック・ベンチャーにとっては、どうしてよいのかわからないことはたくさんあります。伝統的金融機関の当局対応等のコンプライアンスのノウハウは一朝一夕に蓄積できるものではありません。

　第1章第5節をご担当いただいた岩瀬大輔さんは、ライフネット生命保険を起業されたときに、生命保険については素人であることから、生命保険業界で長年活躍してきた出口さんというパートナーを求めました。どんなに優秀な人でも、金融業は金融の素人がいきなりチャレンジできるものではありません。出口さんという保険のプロフェッショナルとタッグを組んだからこそ起業が成功したのだと思います。

　第1章第3節でも柴田誠さんに触れていただいたとおり、メガバンクも「共創（Co-Creation）」の時代に入りつつあります。ビヨンド・フィンテック時代において伝統的な金融業には、まさに「共創」が必要となるでしょう。より高度なテクノロジーを活用しフィンテックを垂直方向に深化する場合に自前では対応できない局面も増えてきています。

　まだあまりフィンテックが活用されてこなかった領域においても多様なプレイヤーとともにテクノロジーの活用を進めていくことが可能になります。金融の規制にしっかりと対応するプレイヤーと、規制とは関係なく顧客利便性や営利性を徹底的に志向できるプレイヤーによる共創です。

　共創の形式はさまざまなものが考えられます。テクノロジー企業が金融機関を買収するという動きは現に進んでいますが、これも共創です。逆に、なんらかの方法で金融機関が大手テクノロジー企業を事実上傘下に入れることもできるかもしれません。金融機関がフィンテック・スタートアップ企業を買収することも考えられます。

　また、完全に対等な立場での合弁を行うことも考えられます。インターネット専業銀行として成長し続け、現在は国内トップシェアを誇っている住信SBIネットバンクは、2007年に住友信託銀行（現三井住友信託銀行）とSBIグループの合弁会社としてスタートしました。これは資本的にも完全に対等な立場での共創を志向して成功した事例であるといえます。

組織同士の話でなくても、若手ベンチャー起業家がベテラン金融マンと組んで起業したり、ベテランベンチャー起業家が若手金融マンを集めて事業を始めたり、さまざまなパターンがあると思います。もちろん、行政機関が大学などと連携し産官学連携によりテクノロジーの活用を図っていくことも考えられます。

　フィンテックにより、規制に基づいて当局対応を粛々と行うだけでは金融業は成立しない時代になりました。一方で、金融という産業において規制対応がきわめて重要であることはまったく変わっていませんし、これからも変わらないでしょう。だからこそ、新しい価値を「共」に「創」りあげていく「共創」が必要なのです。「競争」でも「協業」でもなく、「共創」環境をいかに社内外につくりあげることができるか。このことがビヨンド・フィンテック時代の金融業界における大きな課題になるといえるでしょう。

ビヨンド・フィンテック時代

2022年6月30日　第1刷発行

編著者	前　田　順一郎	
発行者	加　藤　一　浩	

〒160-8520　東京都新宿区南元町19
発　行　所　一般社団法人 金融財政事情研究会
企画・制作・販売　株式会社きんざい
出 版 部　TEL 03(3355)2251　FAX 03(3357)7416
販売受付　TEL 03(3358)2891　FAX 03(3358)0037
URL https://www.kinzai.jp/

校正：株式会社友人社／印刷：株式会社日本制作センター

ISBN978-4-322-14158-0